राम कत्था

॥ श्रीराम ॥

राम कत्था

(कुड़ुख-रामकथासार)

कथासार

डॉ. हीरालाल शुक्ल

अनुवाद

डॉ. राजेन्द्र कुमार दुबे

परामर्शदाता

गोरेलाल शुक्ल

श्यामलाल कालिया

ईशनारायण जोशी

लोकभारती प्रकाशन

इलाहाबाद नयी दिल्ली पटना कोलकाता

संस्कृति विभाग, छत्तीसगढ़ सरकार के सहयोग से प्रकाशित

लोकभारती प्रकाशन
पहली मंजिल, दरबारी बिल्डिंग, महात्मा गांधी मार्ग
इलाहाबाद-211 001

वेबसाइट : www.lokbhartiprakashan.com
ईमेल : info@lokbhartiprakashan.com

शाखाएं : 1-बी, नेताजी सुभाष मार्ग, दरियागंज
नई दिल्ली-110 002
अशोक राजपथ, साइंस कॉलेज के सामने
पटना-800 006
36 ए, शेक्सपियर सरणी, कोलकाता-700 017

पहला संस्करण : 2014

मूल्य : ₹ 250

सौजन्य : वन्या प्रकाशन

बी.के. ऑफसेट
नवीन शाहदरा
दिल्ली-110032 द्वारा मुद्रित

RAMA KATTHA
by Dr. Hiralal Shukla
Translated by Dr. Rajendra Kumar Dube

ISBN : 978-81-8031-972-3

आभार

श्री रमन सिंह

मुख्यमंत्री, छत्तीसगढ़

और

श्री अजय चंद्राकर

मंत्री, संस्कृति, पर्यटन, पंचायत, ग्रामीण विकास एवं संसदीय कार्य, छत्तीसगढ़

के प्रति, जिनकी विशेष रुचि एवं मार्गदर्शन के बिना यह प्रकाशन संभव नहीं होता।

अनुक्रम

अध्याय - 1

राम ही जन्म

का बग्गे उल्ला ही कथा इके। कोशल राजी नू दशरथ नामें ही बेलस राजी नना लगियस आस रघुवंश कुल नूं जन्मार काचस अरा आस बो बड़ा डिंडी वाला राचस अउर धर्मी राचस। अपन राजी त आलर इन अपन हद्दर बेसे पोसाआ लगीयस। अरगे जम्मो तरती मजा राचां कोसल्या, सुमित्रा उल्ला कैकेयी बेलेस ही तीन ठन बेड़ी राचर। अरगे ओनटा डंड राचा। अरही ओन्टा हूं खद्दर मल राचर। अदगेम आर बो बड़ फिकर राचर। ओन अल्ला आस बो अपन कुलगुरुता डेहरी सीन जम्मो कत्था बोन तिंगियस। डेहरिस बो बेलस सीन धीरज चिचस अउर बाचस कि नीन अमा चिन्ता नना। नीन बो नमहै पुरखाता ता पुरखोती पूजा बोन नना। तब निधैय नाख ठन खद्दर मनोर अर आरभि निधैय पुरखा बोन तारोर।

बेलस बाचस जन्हे निधैय आज्ञा।

खने डेहरिस वो श्रृंगी बावस सीन मीखियस। बावस बरचस अउर आसबो पुरखौती पूजा शुरू ननजस।

उंदुल पूजा कुडती चिच देवता सउरखस। आस बो दशरथ सीन निंदका तसमय ही ठेक्का चिचस। अउर असीन बाचस कि निधैय तीनों बीड़ीरीरगे तसमय बोन मोखता के चिके। एकाम लेखा नू खद्दर मनोर।

इरू बग्गे बाचस तहां चिच देवतस बो नूखरस केरस।

बेलस बो तसमस बोन होचस तहां तंग्हए बेड़ीर गे खटीयस।

आ उल्ला नू लंका नू रावण नामे ही कोहा भारी पापी बेलस राजी नना

लागियस। असही दस बई अउ बीस ठन खेक्ख राचा। आसबो भारी डंड ननजस तहां ले शिवजी सीन खुश कमचस। अउ मांगे नेचस। ए–न आलर अउ बेन्दरा बोन अम्बा तहां नेखैय खेक्ख ती मल खेयाने आलर रीन अउ बेंदरा बोन असबो बड़ा ही कम डोंडी वाला समझारा लगियस। रावण सी इलचकाती नेहूं देवता ही पूजा मल नना लगिहर। अउ पूजा नना लगिहर खने राक्षस बो अरीन खूब डंड चिया लघियर नितो पिटा चलघियर। देवतर रावण सी अत्याचार ती तंग मंजर केरकाचर। आर जम्मोर जोड़रर तहां ब्रह्मा सी खेदे केरर अउर असीन बो रावण सी अत्याचार ही खीरी तिंगियर। ब्रह्मस देबतररीन होचस तहां विष्णु भगवान ही खेदे नू केरर अउ आसीन बो जम्मों खीरीन बो तिंगियर। विष्णु भगवान्स बो देवतररीन मन नू धीरज धरहा के वाचस। अउर बाचस कि अयोध्या त चक्रवर्ती बेलस दशरथ गुया जन्मा रोन अउर अत्याचारी रावणसी कुटुंबरीन पिटोन। आस एन्ने भी बाचस कि जम्मो देवतर ख़ेख़ेल नू बेंदरा अउ भलूवा ही जनम होर।

आरू बग्गे मेंजर तहां भगवान सीन बो पयलगी कमचर तहां केरर। उंदुल कौशल्या ही आगू नू भगवान्स वो ऐघरस खेसेर न् माला, कुक्क नूं मणी ही मुकुट देहेनूं बालका रंग ही किचरो। कोशल्या बो भगवान सा नाख

भुजा बोन तहां आद बो अचकचरा केरा। आदबो भगवान सी बिनती ननजा।

भगवान्स बाचस कि अयो अउबबस ऐंधा खातिर के तप कमचका राचर। अदगेम ए-न निम्हा गुंया खद्दर ही रूप नू जन्मारकन।

कौशल्या बो बाचा कि भगवान नीन खद्द ही रूप नू ऐंधा गुसन जन्मारकय त नीन ऐधैय खद्द मना कला। आदगेम एंधागे नीन खद्द ही रूप नू खखरागे सुख मनो।

इद बग्गे बोन भगवान्स बो मेंजस तहां कोसल्या ही कोंख नृ सन्नी ख्द्दर ही रुप नू बरचस केरस। आ बग्गे नूं बेल दशरथ खद्द जन्मारना ही खबर खखियस अउ बड़ भारी खुशी मंजस। जम्मों खूड़ी नूं खुशी ही बाजा सड्डा लगिया। जम्मों देवतर बो खुशी मनबाचर। एन्नेम बीड़ी कैकेयी ही ओनूटा खद्द अउ बीड़ी सुमित्रा ही दू ठन खद्दर मंजर। चरियो खद्दर बो भारी सुधर राचर। बेलस बो खद्दर ही नामे धरबाबो पच्चा बाबा वसिष्ठ सीन बो मीखियस। वसिष्ठ कौशल्या ही खद्दस ही नामे बोन राम, कैकेयी ही खद्दस नामे भरत, अउ सुमित्रा ही दून खद्दर ही नामे लक्ष्मण अउ शत्रुघ्न धरचर। जम्मो भाईर बो धीरे धीरे कोहा मनजर अठ जम्मो खद्दर अपन नूं बड़ मया नना लगियर तीनो भईर बो रामसी सेवा नना लगियर। अउ र तीनों झन बो आसीन खुश उइयागे कोशिश नना लगियर। रामस बो आ तीनो झनरीन बो बड़ मया नना लगियस। सन्नी तमिही रामस बो लक्ष्मण सीन संगेनू अउर भरत्स बो शत्रुघ्न सीन संगे नूं बड़ उईया लगियर।

चरियो खद्दर कोंहॉ मनजर खने बेल दशरथ बों आरीन अपन पुरखात डेहरी बसिंष्ठ गुसन पढ़बागे तइयस। चरियो भईर जुकीम उल्ला नूं वेद, उपनिषद्, पुराण, जम्मो बोन पढ़चर होचर अऊर गुरु दक्षिणा चिंचर तहां अपन एड़पा केरर।

अध्याय - 2

राम बैंजा

ओन उल्ला ख़ोख़ा उन्दुल महर्षि विश्वामित्र बेलस दशरथ गुसन बरचस। बेलस असही बग्गेम मान गुन कमचस। तंगहा गद्दी नूं ओकताचस तहां असही खेड्डन नुडीयस अउ पूजा कमचस। इबड़ा जम्मन कमना ही बाद बेल दशरथ बो असीन बरना ही मतलब मेन्जस।

विश्वामित्र्स बो बाचस-बलय, एंगन राक्षस बहुत लस्सनर अद्गेम अरीन तला गे नीन लक्ष्मण सीन ऐंग्हा संगे तंगे तैया चिया। बेल दशरथ बो जबाब चिचस, महर्षि-राम लक्ष्मण बो अक्कुन बहुत सन्नी पाचर। आगर राक्षसरीन ऐकेसे लवा ओंगोर? अन्नु हूं पच्चीका ती एंगागे बेटा प्राप्त मंज-कानर। अरही बिना ए-न एकसे जिन्दा हरआ ओग्यो। नीन अरही जघा नू ऐंग्हा जम्मा सेनारीन होवा कला और अरी अम्बा चिया।

बसिष्ठ सी एन्नेम समझाचकुती बेल दशरथ समझारस केरस। आर बो राम-लक्ष्मण गरीन जम्मा ऋषि विश्वामित्र गरही संगे तैय्या गे स्वीकार नमच्स होच्चस। राम लक्ष्मण तंगहा तंग्यो तम्बर उस्तेक आज्ञा बिचर तहां विश्वामित्र संगे किरींम बिच्चर। डहरे नू ताड़का नामे ही ओन्टा राक्षसीन बेय्यन अंगल का पथरन, हिड़नुम बरचा। राम बो बिना झंझकारका धनुष मिया बाण अअगाचस तहां अदीन ओनींम बाण तु लौचस टिड्स।

इदीन ईरयस तहां विश्वामित्र बहुत खुस मन्जस केरस। कुटी बरचुकुती आरनीन राम लक्ष्मण गरीन जम्मा हथियार बोन सिखबाचर चिचर। राम्स बो

विश्वामित्र सीन बाचस नीम जम्मर निर्भय मना तहां जग्य ही रक्षा एम दूनो भाई कमोम।

विश्वामित्र बो नन्ना ऋषि आलर रीन मिखीयस जग्य शुरू कमचस चिच्चस। अउ राम लक्ष्मण जग्य ही रक्षा ननना केरर।

आ जंगल नूं मरीच अउ सुबाहु नाम ही राक्षस तम्हे संगे रहचर। आ ऋषि मुनि रीन बहुत सतबा लीगीयर अउ अरही तपस्या अउ जग्य नू बहुत नोकसान आंदरा लगियर। विश्वामित्र मुनि सी तपस्या कमनुम ऐरा तहां आर तमहा संगेरीन होवा तहां जग्य नू बहुत नोकसान बाधा कमा बरालियर। ऋषि ही साप ही इल्चीका ती राक्षस भीतरी गा मल बरा-लीयर। लेकिन अबडर मय्या तीम ख़ीख़ चीज बोल हेड़बा तहां जग्य बो बिगड़ा चलीयर। इदीन

ऐरनर तहां राम–लक्ष्मण राक्षस रीन लवा शुरू कमचर। राम बो मरीच सीही ओन्टा बिना फल बाला वाण लौचस जिनु आस दय दौय जोजन गेच्छा समुद्र ही मझोत नू कैरस तहां खतरस। अननु हूं ओन्टा चिच्च बाण लौचस सुबाहू सीन भस्म कमचा चिच्चा। इदही बीच लक्ष्मण बड़ बग्गे संगेरीन अउर सैनिकरीन लौचस चिच्चस, जो कि जुक्कीम राक्षस बछरर आर इलचीका ही मारे बोंगर केरर।

राम अउ लक्ष्मण गरही टीन्डी अउ युद्ध ही कुसलता ती जम्मा रिषि मुनिर खुश मंजर। आर अरही बड़ाई कमा लगियर।

अरही जग्य आदि जम्मत बुता अब बिना विघ्न बाधा ती बड़ी हंसी खुशी से मनो।

ओन उल्ला बार नू विश्वामित्रस राम लक्ष्मण रीन तिंग्यस जनकपुरी धनुष जग्य रई। एंग्हा मन रई की नीन हूं गुचा। राम लक्ष्मण गरही राजी मंजा केरा। विश्वामित्र अरीन तथा ओ शिष्यारीन लेच्चस तहां जनकपुर तरा लोच्चस। डहरे नू गंगाजी खवारा। अबड़ा आलर असन एमचर। विश्वामित्र दोनों भाई रीन गंगाही खेखेल नु काना ही कथा तिंग्यस ओ अबड़ आघू केरर।

अबरा रावण जंगल नु रआगे अउ तपस्या कमऊ ऋषि रीन सतबागे अरही उस तेक कर होवा लगयस। ऋषि हेदे चिया गेएन्ताहूं मल राचा, अदगेम आस तंगहा ख़ेसबोन ओन्टा घड़ा नु भरचस तहां तैय्यस चिचस अउ बाचस की नीनई घड़न बो एकसन उइओय असन चेंप मल पुइंयो। रावण बोई घड़ा बोन जनकपुर होचस तहां चुपचाप गड़ताचस चिचस असन चेंप मल पुंइया। आ उल्ला ती आ राजी नु चेंपमल पुंइया लगीया खने बेलसतंगहय खेखती सोन ही गोहला ती खेखेल उस्मा लगीयस। अदगेम बेलसजनकं सोन ही गोहला होचका खल उस्सा केरस। खल औसनुम आचानक ती गौहला ही सुजगारी ती अड़ी बो लगिया। अड़ी खौटरा केरा और अन्नु ती औरोत परम सुन्दरी कुके उरखा। गोहला ही सुजगारी बो सीत बानर। अन्नु हूं आ कुके ही नामें सीता मन्जा। बेल जनक बो अदही पोपस परपाचस।

कोहां मंजकुती ओन उल्ला सीता तंगहै सखी संगे बेचा लगीया। असन भगवान शंकर सही ही धनुष उईकाचस। सीता वो बेचनुम बेचनुमअदीन बो उठवाचा होचा आ धनुष अन्ने तदर ओथ्था रहचा कि अदीन बों ने हूं उठबा पौलला लगियर। बेलसजनक एका लेक्खा मेन्जस खने आस किरया परतिग्या की नेथय ई धनुष बोंन एसोस चियोस अदही संगेम सीता बोन बेनजोन चियोंन। आद बेनजरना बेसे मन्जा हने आसबो तैयारी नन्जस। इस समय ही नामें धनुष जग्य राचा।

कानूम कानूम अरगे ओन्टा आश्रम खकरा। असन ओंटा हूं ओड़ा उड़ी मलएथरा लगीया। केवल ओन्टा पत्थरा ही टुकड़ा रहचा, रामस बो मेन्जस–महाराज इद ऐन्द्रा इके।

विश्वामित्र बो बाचस—इद गौतम मुनी सी ही मुक्का अहिल्या इके। ओंग होल गौतम मुनी इक्याम बाहर केरका रहचस। इन्द्र गौतम सी भेस कमचस तहां बरचस, अऊ अहिल्या संगे छल कमचस। एका लेख्खां मुनि बरचस ख़ने असगे इन्द्रस गे सराप चिच्चस अऊ अहिल्या बोन बाचस कि —नीन पत्थर ही मना कलय। अहिल्या बो तंगह्य मेतस सीन बाचा की ईन्नु एन्हा एन्दा हू दोष मल्ला रई, दोष तोइन्द्र सीरई। ऋषिस बो जम्मा कत्था बोन अख़आ लगियस कि अन्नु हूं तम्हय सराप मल कीरताचस। अनु हो बाचस एका लेक्खा राक्षस रीन लौचस तहां रामस जनकपुर कौर तब असन इसन बरचर नीमहा एम्हा खेड्डेन एंवसड़ा कमोर। आ बरीम नीम्हा मुक्ति मनो।

ई कथा बाचस, विश्वामित्र बाचस—हे राम नीन इदीन नीगहा खेड्डन

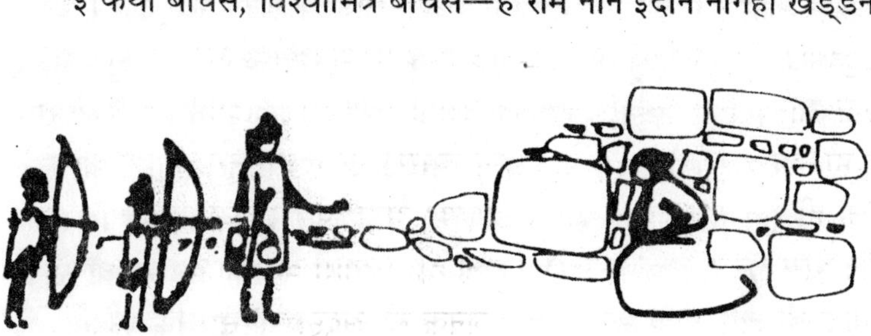

बोन ओसड़ा चिया।

गुरू सी आज्ञा ख़खीयस राम बो पत्थर ती खेड्डन लग–वाचस चिचस। अहिल्या तंगहा असली रूप नूं बरचा केरा अदही राम सिन ओल लगिया। तहां अस तंगहा पति गौतम ऋषिस हेदू दे बरचा केरा। ऋषि विश्वांमित्र असही संगे जनकपुर केरर।

विश्वामित्र जनकपुर अदही तैयारी गे बरचकाचस बेल जनक गे खबर खखीयस ख़ने आस बो असी हेदे केरस। विश्वामित्रा सी संगे राम अउ लक्ष्मण गरीन ईरीयस तहां बहुत सुख मन्जास। आस बो विश्वामित्र सीन मेन्जस—को इबड़ा खद्दर नेकहा ईकनर। विश्वामित्रस बो तिंग्यस कि ईस अयोध्या त बेलस दशरथ सी तंगदस इकनर। जनकस बो मन नु सोचचस राम अउ सीता ही बेन्जा मनो को हुले एतार। मजा मनो को। अस तंगहा किरया (प्रतिज्ञा) कष्ट सोंचचस विचारचस तहां अपन बो उदास मन्जा केरस। ईद एकन्ने नु पूरा मनो।

बेल जनक्स आदर कमना ही विश्वामित्र सीन अउराम लक्ष्मण सिन तंगहा संघे ओंदरस अउ असिन ओन्टा बढ़िहा बगीचा नू ठहरारस।

ओन उल्ला राम लक्ष्मण बो गुरु विश्वामित्र सिन नगर नू एरागे आज्ञा होच्चस। दूनू भईन नगर एरागे उरख़र। नगर ही सुन्दरता ईरियन तहां बहुत आनंद मंजर केरर, अउर आर कोंहा आनंद मंजर। नगर ता खद्दर आ भईन ही सुन्दरता इरियर तहां आनन्द मंजर चोचर। अउर अरिन नगर एदागे होच्चर कि सहरता मुक्कर आ सांवलर बेलस बो सीता ही लायक रादस। अन्नु कुना कुकोस शंकरजीस ही भारी धनुष बोन कैसे एसोस। उन्दुल राम अउ लक्ष्मण बो गुरूजी सी ही पूजा ननागे फुलवारी फ़ूलओंदरागेकेकर। उल्लानुम सीता तंग्योन में जा तहां पार्वती पूजा ननागे बरचकीचा। अदही ओरोत संगी बो राम लक्ष्मण गरीन ईरीया। खने आद बो बुगनुम केरा, अउ सीता बोन तिंगिया खने दू झन कोंहा कोहा बेल खद्दर बगीचा नु बरचकानर। ओरतोस खिसका अऊ ओरतोस तेल सांवर रादस। सीता बो रामसिन एरिया अउ रामबो सीता सिन। दूनू हीजिया नू चोन्हा मन्जा। राम लक्ष्मण बों बाचस कि रघुवंश ही

आलर दूसर ही मुक्का मल एरनर। ईद बो अन्ने लगाली कि आगे जनमती संबंध रई। सीता बो गौंरी बोन विनती ननजा कि राम बोस ही एंग्है वर मनन एन्ने वरदान ने:चा।

आघू उल्ला राम अउ लक्ष्मण सीन विश्वामित्रस होच्चस तहां सीता ही मडवा (मंडप) नू केरर। असन बेलस जनक बो दूनो भाई रीन संगे नूं ओन्टा मेच्छा आसन नूं ओक्ताचस। मडवा ही बीच नू शंकर सी धनुष बोन उइकाचर बेलस जनक बो तंगहय हाल चाल नीन तिंग्यस किई धनुष बो नेथय ऐसोर चियोर अरही संगेम सीता बोन बेन्जुन चियोन। ईदीन मेन्जर तहां गुड़ी आ रहचका बेलर बरच बरच पारी पारी ती धनुष बोन उठवा लगियर अन्नुत नेखा दानी हूं आत मल हटरा। अन्नु हूं सप्फा बोलारबो ऊनिम संगे अदीन उठबाना ही ताकत कमचर। अनूनु हूं आर अबो सफल मल मन्जा। बेल जनकस अबो सब बेलारजा लउनूम बाचस—इधरती नू इंदेर नेकरीम अम्ने

शूरबीर मलरहचर, ने धनुष अबो इसोर एंग्हा एंगदा संगे बेन्जा कमा सकोर? अन्ने लग्गी की खेखेल नू ताकत मन्जा केरा।

बेलस जनक सी बचन लक्ष्मणस बो मल मेन्जस असगे कैर बरया कैरा। आस इज्जास केरस अउ बाचस "अगर भैयास रामस आज्ञा चौओस होले इ धनुष अबोन कमल ही डंडी भया एस ओन चिओन अउ इ जम्मा

ब्रहमन बोन खेना कट्टू बेसे खोटटोन चिओन। बेलस जनककोहां इकदम लेकिन एन बो अरहीन राजवंश ही शामिल रहचकुति एन आनेच कत्था कमोन।''

लक्ष्मणस ही कैर बौन एंग्हा कत्था मेन्जास तहां जनक्स गे बड़िहा लगिया। राम्स बो लक्ष्मण सीन समझाचस, अउ मेखियास तहां तंग्हा हेदे उक्ताचस इदही पीछू विश्वामित्रस रामसीन बाचस बेटा नीन क्ला अउ धनुष बोन एषा तहां बेल जनक सी ही दुख बोन असही शंका दुख दा दूर कमा। रामस तंगहा अड्डा ती चोचस अउ कैर ती तंग्हा मुद्रा धनुष हेदे केरस। जम्मा आलर असही तरा बने ध्यान से असही तरा–इरयस जम्मार ही दिल बो घबड़ारा लगी। रामस बो बड़ी शांतिपूर्वक से उठबाचस अउ ऐसास चिच्चस। चनुष ही ऐसरना गुटीक बनेच जोर से अवाज बरा लगीहा। जम्मा आलर भक–चक्करर केरर, लेकिन अरगे बड़ा खुश मन्जार। बेल जनक सी ही कत्था पूरा मन्जा।

जनक सीही राजगुरु शतानन्दस बो बेल्खद्दन सीता बोन मीखींयस। सीता बरचा औ आलर ही आघू नू आसव रामचन्द्र सी ही खेसेर नू माला अत्ताचां चीचा। रामस बरचस जहां तंगहा गुरु विश्वामित्रस हेद्दे उक्कीयस केरस।

अन्नु हूं ऐरनर एन्दरन कि अन्ने तार ही गर्रां धुका बेसे ओरोत चटपट ब्राह्मण जटा जुट रुप हो चका, खेक्ख नू तब्बल हो चका असन बरा लगदस। जम्मा आलर ईलचि का ती असरा लगनर। आ चटपटीया ब्राह्मणसी नामें रहचा परशुराम। परशुराम सी बरचका ती जम्मर असही ईलचिका ती मोन्जर ननजर। परशुराम बो किया खेलेल एनूं एसेर का धनुष बोन एरियस तहले मेंजस कि ई धनुष बोन नेथे एसस? जंगारस तहां ले सप्फारिन खिक खिकबाचस आंऊ घड़ी–घड़ी चिचियारा लघियस कि नेथय धनुष एस्कादस, आस बरोस कोस असिन एन जनपुर तैतोन चिच्चोन। इन्नो लक्ष्मण्स गे कैर बरचा केरा। आस परस्रामस् के बोंगा हेल्लरस, लेकिन विश्वामित्र और रामसी समझाचकुती आस बो शांत मंजस केरस। तंगहय नरम कत्थाती रामस

बो परशुराम सी कैर बो ठंडा कमचस चिच्चस। परशुराम्स हेदे ओन्टा धनुष रहचा। अदीन कमतम आलर पोल्ला अरगालियर। आसबो रामस गे चिचस आउ आनिस की इदिन अरगा चिया। रामस सी खेक्ख नुन बरच कातु धनुष तानतानीम अरगीया केरा। हने परशुराम अख्खस होच्चस कि रामस भगवान सी ही कुंड़तसईकदस, हने आस बो बगे नु रामस हे दे क्षमा निचस। आऊ परता नु गुरमा गे किरीम बिच्चस।

बेल जनकस बो दूतोर ही खेक्ख नू बेलस दशरथ हेदे अयोध्या चिट्ठी शोर तईय्यस। अन्नु बरात सहित जनकपुर बरना ही निमंत्रण रहचा। ई हाल बोन खकीयस तहां जम्मा आलर खुशी नु खुशी मंजर केरर। दशरथ बो बशिष्ठ सीन मेखताचस अउ अरीन जम्मा हाल सुनबाचस तहां रथबोन कम-ताचस। ओन्टा नू गुरु वसिष्ठ अउ दूसरा नू तातीम दशरथ उक्कीयस तहां जनकपुर केरर। भरत शत्रुघन भी घोड़ा नु उकियर तहां केरर। अरही संगे नू अउबर शहर त बडगे आलर अउ सैनिक केरर। अरही जनकपुर अडसकुती राम अउ सीता ही गाजा बाजा ही संगे के इ प्रकार ही बेन्जा मन्जा। बेल जनक बो तंग्यहसन्नी कुके उर्मिला ही बेन्जा लक्ष्मण, तंग्हय भईस ही खद्द माण्डवी ही भरत, अउ सन्नी कुके श्रुतिकीर्ति ही शत्रुघन ती कमचर चिचर। जम्मा आलर अड़बड़ प्रसन्न मंजर। देवतार बो मैया आकाश ती फूल बरसाचर।

बेल जनक गुईया ओल उल्ला रहचकुती बेल दशरथ बो अयोध्या कालागे अरही हेदे विदा निचस। एक लेखा जानकी विदा मन्जा खने अदही पालचका पोसका तोता मैना सोग्गे ही मारे चिचयारा लगीया। संगेर अउ जम्मा अयो चिखलगीयर। बेल जनक शहर ही बाहर गुटीक जम्मारीन चिन्हा लगीयस अउ बरतियर संगे बेल दशरथ अउ बेल कुमार सीन विदा कमचर जनकपुर किरियर बरचर।

बेल दशरथ तंगहय खद्दर अउ सेड़ो ही संगे अयोध्या अड़सीयर जम्मा शहर नु अड़बड़ खुशी मनवाचर।

अध्याय - 3

दू ठन मंगनी

एन्देर उल्ला ही पीछू दशरथस बो रामचन्द्र सीन बेलखद युवराज ही पद चिआगे सोचचस। अदगेम आस असगे मंत्री हीसलाह होचस। मंत्रिर बो असही विचार बोन अड़बड़ पंसद कमचर। एका लेखा देवतार इरिया। अउ बेल दशरथ रामसीन युवराज पद चिआ लगनय हने आर सोचचर कि अगर इ कत्था बन्या केरा होले रावण सीन अउ असहीन ऋषि मुनि रीन दुख चिआ लंगिहर एकने लओर चिओर। आर अड़बड़ घबड़ारा लगीहर। आर बो सरस्वती हेदे केरर तहां प्रार्थना कमचर की नीन एन्ने डहरे उथरा अन्नू देवता अउ ऋषि मुनीर एकमद गेच्छा मनोर। सरस्वती बो कैकेयी ही बस नू बरचका दासी मंथरा ही बुद्धि पलटाचा चिच्चा। असगे रामसी गद्दी नूं ओकना ही कत्था बग्गे खराब लगीया। आस बो केरस तहां कैकेयी बोन जम्मा हाल मेनताचस। कैकयी राम सी राजतिलक ही कत्था मेन्जा तहां अड़बड़ पसंद मन्जा अउ असगे इनाम चिआ लगीया। हने मंथरा चिखा लगी आस बो इनाम हिड़ब्यिस चिच्चस अउ बाचस—रानि जीनिगहा तकदीर उलटा मन्जा केरा। इन्ना बड़िहा तकदीर गा कोसल्या ही इके। आर बो निंगहय खद्दर भरतसीन ननिहाल तइया चिच्चा अउ तंगहय खद्दस राम सीन राज्य चिता लगी। अउ एका लेख भरत किरोस तंगहय बंदीएड़पानूं-तयतो चिओ। निगहा अक्कू आघू दुख बोगताना रई।

इदीन मेन्जा तहां कैकेयी बग्गेम कैर बरचा। आद बो मंथरा बोन लौबचा अन्नूम मंथरा तंग्हय कथन बानूम केराधिरे धिरे अदही कत्थरबो रानि गे

जीन्यारा। तंगहय मंथरर ही कत्थाबो बनेच लगनू म केहा अउ तान आ कठिन तुरु बछरना ही उपाय मंथरा बोन मेन्जा। मंथरा बो बाचानीन कोप एड़पा नू कीरिम्बियाय। एका लेक्खा बेलस बरोस अउ नीगन बंगेम मनबोस खने रामस आडर होच्चस तहां तंगहय पीछ चिचकाती दू ठा वरदान ही खियाल ओन्दरस।

वरदान ही प्रसंग-बो इ ढंग ही रई। ओन बार बेल दशरथ देवतर ही सहायता गे राक्षस रीझगड़ा कमा केरकाचस। रानी कैकेयी घलाव संगे नू रहचा। बेल दशरथ गे युद्ध कमनू न कमनू न बेहोस थया बरचा करा। अरु लेक्खा एकाम सारथीस सीन लवाचार चिच्चर। रानी कैकेयी बो आलेखम घोड़ा ही लगाम बोन तंगहय खेक्ख नूं होच्चा केरा अउ झगड़ा कमाल-गीया। एका लेख्खा बेल दशरथ गे चेत बरचा आ लेक्खा तान नन्ना सारथीसीन मेखताचस अउ लड़ाई कमचस। आ लड़ाईनुम आघू बेल दशरथ सीही रथ ही धूरी ही कील बो ऊरखा केरा। चक्का खतरना हीरहचा रानी कैकेयी बो रथ नू उक्का ही उक्का धूरी ही भुलका नू तंगहय अंगठीन चा चा चीव्वा। आखिर नू बेल दशरथ सीही लड़ाई नू जीत मंजा। निंगहय रानी सोचचका समझारका अउ बहादुरी ही प्रसन्न मंजा तहां बाचा—नीन संगहय गुस्तेक दु वरदान नियाय हो आय। कैकेयी वो जबाब चिच्चा—"एक लेक्खा जरूरत मानो आ लेक्खा होन कओन।"

मंथरा बो अदही दूनू वरदान आ लेक्खा वरदान बरचा—"ओन्टा वर बो राम संगे इके चोदह बरस बनवास निया अउ नन्गस भरत्म गे राजगद्दी।"

मंथरा ही कत्था नू बरचा कि रानी कोप एड़पा नू केरा उक्किया। उत्तरा जम्मा शहर नूं आनन्द मनबा लगीहर, रामस गे युवराज पद पर चिना ही तैयार मना लगीहा बेल दशरथ अड़बड़ हंसी—खुशी ती कैकेयी बोन इ सुख समाचार बोन मेन्तागे अदगे महल नू केरर, अन्नुम असन अरगे आर मल। खखरर विदयर खने आर अरगे कोप एड़पा नूं एथरर। आर बनेच दुख मन्जर। आर बाचर "रानी एन्ने सुख अवसर नूं नीन कोप भवननू इन्ना? इन्ना रामस ही राजतिलक मनू रई। इन्नागा आनन्द मनाना ही समय रई।"

इद्रिन मेन्जा तहां कैकेयी बो बाचा—आनन्द मनबाना ही गा समय रई, खने एंगन नीन बर चिआ लगहा, निम्हा चिना ही निम्हय प्रतिज्ञा राचा।

बेल दशरथस अलखियस तहां बाचस-रानी नींगहा ती कोंहा ऐंगागे रामस ही सिवाय अउ नेखा प्यारा मलकर। ऐंग्गा गे रामसीही सौगंधरई—नीन एंदरा नीओय, अदीन एन इन्ना निग्गा चिओन।

कैकेयी बाचा—ऐंग्गा गे अउ एन्दा हू मल लगदन। एन गा दू वर केला ने आलेना चिओय नीन?

बेलस ही नेचकुती, कैकेयी बाचा—अच्छा ओन्टा वर इरकी रामस गे चौदह बरस ही बनवास मनो। नन्ना, इत इके कि भरत गे राजगद्दी खखरो।

बेलस बो एका लेख्खा एन्ने मेन्जस खने असगे तंगहयख बदा अउ खन्न गे भरोसा मल बरचा। खने रानी बो रामसीन इकोड़े प्यार कमा लगीया, कि आद एन्ने इन्ना वर निओ। अरगे चक्कर बरचा केरा। आस मुरझारस तहां खेखेल नू खतरस अउ आ हालत नू माखा भर अन्नेम रहे चाचस।

एका लेक्खा चेत बरचा खने आस बग्गेम हड़बिड़ रचस। बाचस—“हे रानी। रामस बो नीम्हय एन्दरा बिगड़ाचकादस? नीम गा असीन बग्गेम प्यार कमदर। ए इन्ना असगे ऐन्ने ऐन्दरा पाप मन्जा केरा? नीन अखा लगदीन

दरा ऐन राम सी बिना उज्जा पोलदन।''

एन्ने मेन्जा तहां कैकेयी बो तहा अउ बग्गेम दुख चिउ बचन बाचा। अउ कत्थन बाचा—नीन वरदान चिना ही आधू गा मना कमालकय कि निया। एका लेक्खा एन नियकन खने नीन सोग्गे सारा लकय। नींगा गे चीना रई होले चिआ, मल ती साफ मना कमा चिआ। एन् ने विलाप (चीखा) कमकुती एन्बरा हूं लाभ मलमनी।

एन्ने मेन्जस तहां बेल दशरथस 'हे राम' बाचस तहां जिया ढिलचस चिच्चस।

बेल दशरथ बहुत जल्दी कोआ कमा लगी हस। लेकिन इन्ना आस बो बेहोस मन्जस केरकयस। बहुत देरी मजकु केर कुती भी एकालेखा आस महल ती बाहर मल बरा लगीहस। इ एरा मंत्री सुमंतस ही बेलस ही ओन्द्रागे घलू महल नूं काला लगियस।

असन आभक केरा तहां धक्का बेसे लग्ग लगीहा। आस अकचकरा मना लगीहस। कैकेयी बो असीन बाचा—

''नीन रामसीन जल्दी मेखा ओन्दारा।'' सुमन्तुस बो बेलस तरा इरियस। बेलस चुपचाप कुकन नुखचस चिच्चस बेलस अऊरानी ही चेहरन इरयस सुमन्तस चुपचाप रामसीन मेखागे असही महल बोन कीरीम विचीयस। असन आर रामस अउ सीता बोन इन्ना ही उत्सव गेत्यार मन्नूम इरयस। आर रामस सीन बाचस-नीम न कोंहा बेलस, मेखा लगदस। राम सीता हेदे एन्नेम बाचस कि कोहां बेलस बो कत्था मेन्जरस तहां एन बरा लगदन, सुमन्तस सीही संगें किरींम बिचीयस।

अंइया केरर तहां एन्दरा एरा लगीआ बेलस सी बइयन एकदम खइया केरा असही जम्मा शरीर ओल लगीहा। असही हालत बनेम खीख रई। बापस सी एन्ने हालत एरा तहां राम बग्गेम फिकर मन्जस। नीम कैकेयी ती मेन्जर कि बापस सी ही एन्ने हालत एकसे मन्जा केरा? केकैयी बाचा—''राम निंगहय निम्बस बो एगन दू बरदान चीना ही कत्था कमचकादास। इन्ना ए-न अन्ने वर निओन कि असगें—चीन नू दुख मना लगी। इनुम इस

एन्ने परेशान रादस।''

रामस बो मेन्जस ''हे अयो एंगागे एन्दरा आज्ञा रई।''

कैकई बाचा—निंगागे चोदह बरस ही बनवास, अउ भरतस गे राजगद्दी।

इदीन मेन्जस तहां बनेम प्रसन्न मन्जस। आस बो बाचस—''बस इरु बग्गे कत्था गे बापस इरु बग्गे दुख मन्जस। इद ए कोहा कत्था इके। नीन चिन्ता अमके कमा। दूनो कत्था मनो।

इरु बग्गे बाचस तहां रामस अयो कोसल्या ती आज्ञा निमा कीरींम बिच्चस, कत्था ही कत्था नूइ समाचार जम्मा नगर नू फैलारा कैरा। नगर निवासीर बग्गेम अकबर रकी अउ दुखी मन्जर।

रामस बो केरस तहां अयो कोसल्या बोन जम्मा हाल मेन्ताचस अउ बाचस ''एंबस एंगागे जंगलत अउ भैया भरतस गे अयोध्या ही राज चिच्चस।

अदगेम एन परतानू कादन।''

इदीन मेन्जा तहां कोसल्या बाचा—''बेटा निग्हा जगह नू भरतस गे

अयोध्या राज चिचर लगीयर होले एन्देर कत्था हू मल्ली। एकन्ने नीन अन्ने भरत। लेकिन एंग्है समज नु मल बरचा कि आर बो निग्गागे जंगल तराज एन्देर गे चिचर। निंग्गा गे ईन्दरीम पाप मंजकी रई दरा।"

इदीन सोचचस तहां रामस गै जंगल काना मन्जा कोसल्या बड़ दुख मन्जा केरा अउ मिलरागे केरर। रामस बो अरीन समझाचस। आ लेखा सीता बो बरचा केरा। अदगे जम्मा कत्था याद बरचा केरा। खने आस बो रामस सी संगै जंगल काला गे जिद कमचा राम अउ कोसल्या बो अदीन बहुत समझाचर। बाचा—"जंगल नु अड़बड़ दुख मनो। खंजपाअरा पूंप मोखागे मनो। राक्षस आलर ही इलचीका लग्गो। एकनुम काना पररो। अउ बड़ बग्गे तकलीफ मनो। अन्नु बड़ीया मनो कि नीन एड़पा नु राआय। पर सीता राम सीही खेड्ड ओंस रड़ा नहां बाचा—"निंग्हा संगे राना नु एन्द्रा हूं दुख मल मनो, अउ अयोध्या ही जम्मा सुख खकरो।" बाद नु रामस बो सीता ही कत्था मनचस होचस। दुनू कैकेयी मां महलतरा काना ही तैयार मन्जर केरर। एका लेखा इच कत्था लक्ष्मण गे मेन्द्रा खने आस हूं भाई संगे काना ही निश्चय कमचस होचस। रामस बो असीन बड़ समझाचस, लेकिन आस मल मेन्जस। आखिर नू रामस बो घलाऊ असीन संगे नु होना ही सपड़ारस केरस। राम लक्ष्मण अउ सीता तीनो झन बेल दशरथ हेद्दे अड़सीयर।

इतरा शहर ता जम्मा मुक्कर कैकेयी बोसमझा लगियर कि "नीनग आना लक्की। निंग्गा रामस बो भरतसती घलाऊ ज्यादा दुलारई। इन्ना ऐन्द्रा कमा लगदी।" अन्नु कैकेयी एन्द्रा जबाब चिया लगी। अदही बुधिन सरस्वती बोन हरचा होच्चा। आद जल्दी चोचा अउ—राम लक्ष्मण गे बल्कल किचरी ओन्दराचा, बाचा, "ओदा इदीन अल्ता आउपरता काला गे तैयारी नना।" दुनो भई किचरी गुठीन अत्यर होच्चर। गुरु मुक्का अउ खोड़ी डहरे ता मुक्कर कैकेयी ही पथरा लेखा अदी जीया इरीयर तहां बड़ नुनचा।

अध्याय - 4

रामसी परता काना

राम लक्ष्मण अउ सीता तीनो परानी दशरथ बेल कुक्कन जोहार नन्जर अउ पतरा कालगे सम्हारर केरर। इदीन इरीयस तहां दशरथ बेलसी जीयत बो नूचा खने बलकना बेसे लगिया। आस मेन्दरच हूं बआ पोल्ला लगीहस। "हे रामस" बाचस तहां आस अबो अदमरा मन्जस केरस। राम अबो तग्यो तम्बर ही अउ तम्हा गुरु सी मोन्जरा नंजस। अउ परता कालागे एड़पा महल-ती उरखस पद्दा व राऊ आलर हक-मकरर तहां असही पीछू-पीछू केरर। रामस बो जम्मारीन बहुत मना कमचस लेकिन अबडर मल किरीयर। इतरा एकालेखा बेलस गे होश बरचा हने सुमन्तस मीखयस तहां अरीन बाचस— "राम लक्ष्मण गरीन अउ सीता रथ नु ओकता ओन्दरा बिया अउ दू-चार दिन जंगल नु कुत्ता तहां ओन्दारा बिया।" बेलसही कत्था न खखीयस सुमन्त रथ नगर ओन्दरस तहां बाहरी नु अड़सीयस। आर अरीन आ तीनो झरीन रथ नु

ओकताचस अउ जंगल तरा केरर। नगर त आलर हूं असी पीछू पीछू काला हेलरर। एका लेक्खा मांखा मन्जा हने ओन्टा जगह नु जम्मर आलर खन्दरा केरर। रामस बो सुमन्त सीन रथ मेखा गे बाचस। समन्त रथ होचस नगरता करउ आलररीन बो सीता अम्बीया तहां कीर्रिम बिचिया। आ लेखा पैरी नगर बासिर ही खन्दरना उघरारा ती आरबो तम्हय प्रिय राम सीन अड़बड़ बिदीयर। अन्नू हूं आस मल खकरस। पोल्लर तहां अबड़ा आलर नगर बो किर्रिम बिचिया। आ लेखा पैरी नगर बासिर ही खन्दरना उघरारा ती आरबो तम्हय प्रिय राम सीन अड़बड़ बिदीयर। अन्नू हूं आस मल ख़क्ररस। पोल्लर तहां अबड़ा आलर नगर बो किर्रयर बरचा केरर।

इतरा राम लक्ष्मण अउ सीता श्रृंगवेरपुर अड़सीयर। अईयूया गुह नाम ही बेलस राज्य कमालियस। आस केंवटर ही कुल नु जन्म होचकाचस। अउ केंवटर ही बेल रहचस। रामसी आस अड़बड़-(बड़ा)-(मित्र) संगी रहचस। आस बो रामस सी बहु स्वागत कमचस अउ आस बो नगर काना ही हाथ जोड़चस। अनु रामचन्द्र बो बाचस—"एन बापस सी कत्थन बो उईया गे जंगलेच नु रओन।" गुहस बो कान्दा कुस्सा खन्जका तीराम लक्ष्मण सीता गर ही अड़बड़ स्वागत मनचस। अबड़ा झम्मर ओन्टा मन्न ही किया नु चुतीयर तहांमाखा भर बोन पहबाचर चिच्चर। लक्ष्मण अउ गुहसबो माखा भर पहरा चिना चाके रहचर।

पैरी मन्जा ख़ने राम लक्ष्मण अउ सीता गंगा नदी ही तीर नू अड़िसीयर। रामस बो गंगा नदी बोन कट्टा गे विचार ती गुह सीन बाचस तहां ओन्टा

डोंगा निताचस, एका लेखा राम आ पक्खे अरगा लगीयस। हने केवटस बाचस—"नीन आधू ऐंगन नींगहा खेड्डन नोड्न चीया एन्देरगे कि नींगहय खेड्ड ता धूलि लक्कु ती एकालेक्खा पथरा ही टुकड़ा बो बड़ीया मुक्का मना ओंग्गा लगी हने ऐंगहा डोंगद गा कंक हीइके। ईद इंदरिइम अउ मंजा केरा होले एंगहरा रोजी लवतार ओ कलो।" केवटस ही कत्था मेंजस की राम्स गे अलखा तुक्किया केरा। इदिही ख़ोख़ा केवटस कठौली तू अम्म निंदस की ओन्दारस अउ आ तिनयोर ही खेड्ड नूडियस। खने तंगहा डोंगा नूं अरगाचस। राम्स बो सुमन्तु वोन किरताचस चिच्चस। सुमन्तुस बड़ दुखी मंजस उंदुल खत्तस कमओस एंदरा। दुखी मन ती अयोध्या किरियस बरचस।

एदही ख़ोख़ा आर गंगाजी ही आपक्खे अड़िसियर। राम्स सोचचस कि केंवटस गे कड़ताना हीइंदरिइम चिअना रहचा। मगर असही गुसुन एंदरा राचा? सप्फद गा अयोध्या नू अम्बरा किरकीया। सीताबोद राम्स ही मन ता कत्थन अखचा होच्चा। आद आलेखम तंगहा अंगठी ला रत्न लग्गि का मुद्दिन ओत्थरा अउ राम्स गे चिच्चालिया। राम्स केवट्स तरा बद्बअनुम बाचस "ओंदा डोंगा ही कड़तअना भुती इके।"

केवट्स गदगद मंजस केरस। रामस ही खेड्ड ओंसड़स तहां बाचास—"हे प्रभू इन्ना एन्ने एंदरा मल्ला खक्खिका? निंगहा मन चिअना ही रई होले इन्ना किर्रना लेक्खा जो इच्छा रओ चिअके लक्के।"

रमा लछमन अउ सीता ही बनेम आग्रह कमचकू नू हूं आस एंदरा हूं मल होच्चस अउ पंलगी कमचस की किर्रिम बिच्चस। रामजीस गंगा जी ही पुजा कमचस। सीताबो गंगा बोन प्रार्थना कमचा कि अदही मनो कामना पूरा मनो।

आर किर्रिम बिच्चर अऊ ओन्टा मन्न हेद्दे माख़ा बरी रोक्करर। पईरी फिन आधू तरा बडढरर डहरे नू त्रिबेनी पर्रा। असन आर एमचर अउ शंकर सिही पुजा नजर। तहां प्रयागराज नू भारद्वाज ही आश्रम नू केरर। असन भारद्वाज मुनिस अरही बनेम आदरो क्रमचस। अरिन आसन नू ओक्कता—चस अउ खंजका गुटठी मोखताचस। राम लक्ष्मण तउ सीता हीबरना ही

खबर आस पास ता आलर गे लग्गिया केरा। झुंड के झुंड आलर अरिन एरा गेबरचर। रामचंद्रस ओन माख़ा असन ठहरारस। अउ पईरी बीरी एमचस की आधू बढ़रआ गे तैयार मंजस। काना लेक्खा राम्स-भारद्वाज मुनि सिन मेंजस- भगवान। एम एका डहरे ती कोम? भरद्वाज्स तंगहा चेला सिन अरही संघे कमचस चिच्चस। ठीक डहरे नू बरचका केरका ती राम्स चेला सिन कटाचस चिच्चस। जंगल नू रऊ आलर रामसिन बनेम प्यार कम आलियर। राम्स एसन कालालियस असन बनेम बग्गे बनवासिर असिन एरा बरआ काला लियर। असही के परकार ही सेवा कमालियर। अरही मंडी, ठहरारना गूटठी ही परबन्ध कमालियर अन्नू ता ने चतुरा मनालियर आर राम, लक्ष्मण, अउ सीता बोन चिन्हा होआ लियर अउ नन्नर रिन अरही परिचय कमआ चिअलियर। जम्मर बआलियर की बेल-बीडरि इदिन बने मल कमचर। जो कि एन्ने कोमल राजुकमार अउ अरही फूल बेसे ख़ई बोन टोंका नू तइयू[illegible]

कानुम-कानुम आर वाल्मिकी मुनिस ही आश्रम नू अड़िसियर। बाल्मीकिस अरही बने प्रेम ती स्वागत कमचस, अरिन ठहराचस अउ मोखा गे कंदमूल खंजका चिच्स। ओन माखा आ आश्रम नू बित बाचर कि रामसिन बाल्मीकि मुनिस चित्रकूट नू रअना ही सल्हाव चिच्चस अउ बाचस कि असन निमागे जम्मा परकार ती अराम खक्खराओ।

बाल्मीकी आश्रम ती चल्लरर की तीनों झन चित्रकूट अड़िसियर। असन मन्दाकिनी खाड नू एमचर। मंडी ओन्डर की अइय्या ता रउर ही सहायता ती लछमनस दू ठन कुडिया कमचस। ओन्टा सन्नी ओन्टा कोहां। तीनो झन अन्नुम रआ हेल्लरर। असन अनेक परकार ही ऋषि मुनिर एकट्ठा मन्नर। आर राम लक्ष्मण सिन बने मया कमआलियर अरिन खद्द बेसे मनाआलियर। राम्स हूं जम्मर रिन तंगहा बंगस बेसे अख़—आलियस।

अध्याय - 5

दशरथ सिही प्राण अम्बना

राम सिन टोंका तइय्यस की सुमन्तस अयोध्या आड़िसियस खने बेल दशरथ अउ नगरवासिर असिन रामसिही हाल मेंजर। सुमन्तस व्यथित हिरदे ती सप्फा हाल तिंगियस चोदरस। मेंजर की जम्मा आलर बहुत दुखी मंजर। दशर्थस कोशिल्या बोन बाचस—"देवी अक्कू एंगहा आखरी समय हेद्दे बरचा केरा एथर आ लगी। इन्ना एंगा। अंघवा अयंग-बंग हीसाफ याद बरआ लगी।"

उंदुल एन शिकार बेचा केरचकन। खाड़ हेद्दे राचा, माखा ही सम्मे। एन शिकार ही ताक नू उक्कन केरकन। खनेम एंगा एंदेर आवाज मेन्दरा। ए-न शब्द बेधी बान चलबआ अखआलिक्कन। एक जगो ती अवाज बरचकीचा आ अवाज नुम ए-न एंगहा अम्बिकन चिच्चकन। ए-न सोचच चकन एका जंगली हाथी इके मनो। मगर तीर अरबका नू एंगा एका बनवासी शोकातुल अवाज मेन्दरा। एन असही गुसन केरकन। ईरिकन ओन्टा मुनि कुमार सिही छाती नू एंगहा चिंयार लक्की रई। आस एंगन ईरियस की बाचस-राजन एन निंगहा एंदरा बिगड़ाचकचकन जो कि नीन एंगन लवचकादय। एन एंगहा प्यासा इंग्यो एंबस गे अम्म ओन्दोरआ बरचकाचकन। एंगहा इंग्यो एम्बस अंघवा अउ पचगी इकनर। नीन एंगहा इंग्यो एम्बस गुसन कला कि अरिन अम्म ओन्तआ चिआ। एन असही तंग्यो तम्बस गें अम्म होच्चकन की केरकन। आर बाचर—"बेटा बनेम बीड़ी मन्जा केरा।" ए-न अरही खेड्डन धरचकन होच्चकन अउ चींखा हेलेरकन। ए-न बाचकन—

"महाराज ए–न निंमहै खद्द मलिदन, बेल दशरथ इकदन। एंगहा भूल ती निमहा खद्दस सिन एंगहा चिंयार लग्गिया चिच्चा अउ आस केच्चस केरस।" तहां ए–न आ दुनु झरिंन आ अड्डा नू होच्चकन केरकन एनन अरही खद्दस केच्चका पड़ार काचस। आर बिलाप कमआ हेल्लरर। आर दुखी मंजर की एंगा सराप चिच्चर कि एकन्ने एम खद्द सिही बियोग नू खियादस अन्नेम नीन हूं खि ओय। तहां आर तमहा प्रान अम्बियर चिच्चर। अरही सराप झूठा मल मना ओंगा लिया। खनेम अरही बेसेम अक्कू खद्द बियोग नू ए–न खिआलगदन।

इन्नेम बिलाप कमनुम अउ राम नामें हीरटन लगब अनुम बेल दशरथ्स तंगहा प्रान अम्बियस चिच्चस। सप्फर बहुत दुखी मंजर। सुमन्तस अबो बेल दशरथ्स ही मुर्दा बोन इसुंग नू मुनुखताचस की बने उइताचस चिच्चस अउ दूत रिन भरत अउ शत्रुघन सिन अरही ननिहाल ती मेखा ओन्दरआ गे तइय्यस।

दुनू ए भइर बरचर। डहरे नू अरगे के बग्गे असगुन मंजा। नगर नूं अड़िसिका ती भरत्स ईरियस कि असन ने था हूं खुश मलिकर। कैकेई दुनू भइर ही स्वागत कमचा। आद भरत सिन तंगहा महल नूं होच्चा केरा अउ असिन सप्फा हाल तेंगरा चोदरा। मेंजस कि भर्तस सन्न रही केरस। आस बाचस—"आयोनीन इदिन एकन्ने कमचकी चिच्चकी? एमहा ई कुल ही गा सत्यानाश कमचकी चिच्चकी। नीन एंगन अक्कू गुटिक चिन्हआदिम पुलकी केन्देर? ए–न इंगड़ी राम सिन टोंका तइय्योन की भला राज कमओन।? एन्ने सोचना राजा होले एंगन जनमारना सांठ एदेर गे मल पिटकी चिच्चकी?" एन्ने बअनुम बअनुम भरत सिही खन्नती खन्जलखो बोहआ हेल्लरा।

आरु लेक्खा नौकरानी मंथरा बोद चोचा झप्परा की असन बरचा। अदिन ईरियस की शत्रुघनस गे बनेम कैर बरचा। असगे पता चल्लरा केरा कि ई सप्फा करतूती ई कुबड़ी ही इके। आस अदिन धरचस की लवआ हेल्लरस भरत्स असिन अम्बताचस चिच्चस। बड़ कठिन ती शत्रुघन सिही कैर जुड़ारा।

इदही ख़ोख़ा आदुनू भइर सीधा कोसल्या ही महल नू केरर। कोसल्या

बोन एरना सांठ आर अदहो खेड्ड किय्या खत्तरर। अउ कलपार कलपार चींखा हेल्लरर। बाचर—"अयो-ई कुचक्र नू एंगहा कटिक हूं एंगहा खेक्ख रई होले गाय जोन लवना ही, अयंग पिटना ही अउ बंगस ही हत्या हीपांप लग्गी। अयो ए-न एन्दरा हूंबलदन।" कोशिल्या बोद भरत सिन धिरज धरबअनुम बाचा—"बेटा इन्नु शोक कमना ही एंदेर कत्था रई ? एंगागे एकासे नीन अन्नेम रामस। बेटा शोक अमा कमआ। चोआ बंगस ही आज्ञा ही पालन कमआ अउ परजा ही रक्षा कमआ। भरत्स बाचस—"आयो ई बुतद एंगा तीनों काल नूं हूं संभव मल मनो।" अदही ख़ोख़ा कुल गुरु वशिष्ठम् बरचस। अउ आस भरत सिन बहुत समझाचस।

ई सप्फद मंजका ख़ोख़ा ही कत्था ही लाइकु दशरथ सिही दगिन-नंजर चिचरो। जम्मा किरिया करम ती निपटारका ख़ोख़ा भरत्स ती बसिष्ठ सिही आज्ञा ती सभा मीखियर अउ अन्नू घोषणा कमचर की आस राज मल कमओस। राजगा राम सिही दिग इके। छेदहा नू आस बाचस—"कि ए-न रामचन्द्र सिन मेंखा टोंका कौन।"

ई निश्चय ही ख़ोख़ा भरत्स शत्रुघन, नगरबासी अउ जम्मा अयंगर टोंका गे किर्रिम बिच्चर। भरत्स संघे नूं सेना अउ राजभिषेक ही समान बोन हूं हुअनून केरस। जब डहरे नू निषाद राज गुहस ईरियस-कि भरतस सेना होआदस खने आस सोंचचस, आस रामसिन टोंका नूं लवआगे कादस। खने आस तंगहा होच्चस की राम सिही रक्षा कमआ गे भरतसिही डहरे छेंकचस की इज्जस केरस। उंदुल गुहस गे तुरुत मालूम मंजा केरा कि राम सिन लवआ गे मला, बल्कि असही संघे मिलरआ गे अउ असिन अयोध्या किरत आगे ओंदर आ काला लगनर। खनेगा आस भरतसिही बनेम आदर सत्कार कमचस। भरत्स माखा असानुम बितबाचसो पइरी मंजा खने जम्मर डोंगा ती गंगा कट्टियर अउ भरद्वाज मुनिस ही आश्रम नू अड़िसियर। भरद्वाज्स अबो भरतसिही बने अभिनन्दन-कमचस। ओन माखा आ आश्रम नू बितबाचर की पइरी भरद्वाज मुनिस गुसन रामसिही पता मेंजर की चित्रकूट तरा काला हेल्लर।

अध्याय - 6

चित्रकूट नूं भरत-भेंट

जब आर चित्रकूट टोंका नू अड़िसियर खने भर्तस बो ओन जगहा कटिक धुआं बेसे ईरियस। आस तंगहा सैनिक आलारिन डहरार आगे बाचस।

आरु लेक्खा राम-लछमन अउ सीता संघेम उक्कियर की कट्टिक उल्ला ही चरचा कमआ लघियर। अचानक अरगे सेनर ही कलंक मेन्दरा। रामचन्द्रस बाचस—"लछमन कटिक कला की एरा कि ई कलंक एकजगो ती बरआ लगी।?" लछमन्स ओन्टा मन्न भइय्या अरिंगियस की ईरियस कि भरत्स दल बल संघेम बरआ लगदस। आर केरारस की बाचस—"नमहा बइरी भरत्स बरचस केरका दस। नमा लड़ई गे तैयार मन्ना काना चाही।" उंदुल राम्स भरत्स ही सुभाव बोन अखआ लघियस। आस लछमन सिही कैर बोन शांत कमचस अउ भरत सिही बरना ही डहरे एरा हेल्लरस।

भरत्स टोंका नूं कोरचस अउ राम सिही आश्रम नूं अड़िसियस राम्स असिन बड़ मुसिकल नूं चिन्हआ उंगियस। असही शरील खइय्या किरकीचा चेहरा पींवर पर्रा किरकीचा। चीखंनुम-चीखंनुम भरत्स रामसिही खेड्ड किय्या खत्तरस केरस। असही ती कसनखरा मल सकारा। हेचेर मेल्खा उक्किया केरा अउ खन्न नू खन्जलखो बोहआ हेल्लरा। आस ईरु बग्गे बआ उंगियस—'भइय्या।'

राम्स असिन छाती नूं लगवाचस होच्चस बाचस-"एड़पा नू सप्फर बने रअनर मला? अयंग-बंग ही सेवा गा कमआ। बाप बने तो रादस?"

भरत बाचस—"भइय्या-एन बड़ अभागा इकदन। अयो कैकेयी ही

कुचक्र बोद सत्यानास कमचा चिच्चा अउ आद हूं एंगहा कारन।'' एन बड़ पापी इकदन। निंगन टोंका तइकन, निंगहा बियोग ती बाप निंगहा नामे हुअनुम हुअनुम परमधाम गे किर्रिम बिच्चस। असही केरका ती जम्मा अयोध्यद अनाथ मंजा केरा। तिनो अयोर राणी मंजर केरर। एम सप्फारिन निंगहा दिय सहारा रई, नीन कोंहा इकदय, अतः नीनिम राज ही अधिकारी इकदय। खने नीम अक्कू अयोध्या आपिस किर्रा किराज सम्हलआ। एन निंगन होआ गेम बरच का दन। एंगहा संघे राजभिषेक ही जम्मा समान रई। निंग्हा बिगर अयोध्याय किर्रका आलर ही दुख गेच्छा मल मनों।''

बंगस ही केच्चका ही समाचार मेंजस की राम्स लछमन अउ सीता बहुत दुखी मंजर। शोक ती व्याकुल मंजरे की राम अउ लछमनस मुरझाचस मंजर की धरती नूं खत्तरर केरर। अरही बेदना दुख थमार आ मल लघिया। बनेम समझअना बुझबअना नूं आर शांत मंजर अउ तहां गुरु तीं चरियो भईर धमर विधी ती बंगस ही जलदान अउ पिंडदान चिच्चर की श्राद्ध करम कमचर। सप्फर आमाखा बिन ओन्डका मोक्का बितबाचर।

पईरी मंजा खने राम्स भरतसिन समझअना शुरू कमचस कि आस अउ अयोध्या वासीर वापिस किर्रन कलन। उंदुल भरत्स मन मनचस। गुरू वशिष्ठ अउ तिनों रानींर ही असन अड़सकू नू लछमन अउ सीता बोद जम्मरे ही खेड्ड नू ओल लग्गिया। राम्स ई सप्फारिन आपिस किर्रा काला गे समझाचस लेकिन भरत्स तंगहा जिद्द नूं अड़चका रहचस। छेदहा नू जम्मा

आलर हीसमझाचका नू बंगस हीपरन अउ रामसिही नीति-निंदका कत्था आसही समझ नू बरचा केरा अउ आस रामचन्द्र सिही खड्ड होच्चस कीअयो, गुरु अउ परजा जन ही संघे आपिस अयोध्या किर्रियस बरचस। असन नंदिग्राम नू राम सिही खड्ड सिंहासन नू उइय्यस की असही नामें नू अयोध्या ता राजकाज चलबआं हेल्लरस। खुद राम्स बेसे कंदमूल मोखा की जप कमनुम अस ही बरना ही डहरे एरा हेल्लरस।

भरतसिही केरका ख़ोख़ा राम्स जोक्क उल्ला चित्रकूट रहचस। लेकिन अयोध्याता आलर गे अस ही रअना ही जगहा हीपता लग्गिया किरकीचा। इदगे एकालेक्खा गुटिक आर राम्स संघे मिलरआ बरआ काला लघियर। रामचन्द्र जीस गे बने मल लग्गिया। खने आस लछमन अउ सीता ही संघे असतेक किर्रिम बिच्चर। डहरे नू अत्रि मुनिस ही आश्रम पड़ारा। ऋषि खई अनुसुइय्यद आ जम्मर ही बने आदर सत्कार कमचा अउ सीता गे बड़िया किचरी चिच जम्भारिन पोठ मंडी ओन्ताचा। कटिक असन रहचर की आघू तरा बडढरर अउ आर दंडकारण्य टोंका नू प्रवेश कमचर। असनआर ऋषि मुनिर ही एका बग्गे आश्रम ईरियर। राम-लछमन अउ सीता ही सुंदरता नू जम्मा बनवासीर अरिन मुग्ध मंजर की एरालियर। मुनिर अरही हार्दिक अभिनन्दन कमचर। एका बग्गे बनवासिर अरिन एरा बरचर। राम-लछमन अउ सीता बोद आ माखा ही आश्रम नू बितबाचर। पईरी आर मुनिर ती बिना

होक्चर ही आधू बड्ढरर।

डहरे नूं अरगे शरभृंग अउ सुतीक्षण ऋषिस ही आश्रम खक्खरा। आ जम्मर असन राक्षसर ही अत्याचार हीएका बग्गे कत्था तिंगियर। तंमहा विपतिन तिंगियर कि एकन्ने राक्षसर बरनर की अरिन के परकार ही दुख चिअनर। अरही तप अउ यज्ञ काम नू बाधा डारनर। रामचन्द्र जीस अरही दुःख कथा मेंजस की बहुत दुखी मंजस अउ असनुम कीरिया कमचस कि ईदेश ता राक्षसर ही एन सीत्थोम नास कम ओन। अदही ख़ोख़ा कानुम कानुम तीनों झन अगस्त्य मुनिस ही आश्रम नूं अड़सियर। अगस्त्य मुनिस अरही बनेम मानदान कमचस अउ बाचस कि अस्तेक आठ कोस ही गेच्छा नू पंचवटी नामें ही ओन्टा बहुत बड़िहा जगहा रई। असता, खंजका कांदा जड़ी-अम्म बहुत बड़िया रई। इदगे नीम असानुम कला की कुंबा कमआ। अउ बंगस ही आज्ञा ही पालन कमनुम असानुम रआ। राम-लछमन्स मुनिसिन ओल लग्गियर अउ पंचवटी तरा केरर।

अध्याय – 7

पंचवटी नू राम्स

आर पंचवटी अड़िसियर। असन असरुऊ मुनिर अरहीं स्वागत कमचर। पराक्रमी लछम्नस लट्टी–घासि–अउ कंक ही ओन्टा बड़िहा कुम्बा कमचस चिच्चस अउ ओन्टा सन्नी कुना बगीचा हूं लगाबाचस चिच्चस। एन्नेम परकार राम्स तंगहा सन्नी भइस अउ सीता ही संघेम रआ हेल्लरर।

राम–लछमन अउ सीता हीउल्ला पंचवटी नू संख नू त्रितरआलिया कि उंदुल शूर्पणखा नामे ही ओन्टा राक्षसी अजगो उरखा बरचा। आद रामसिन ईरिया। खने आद आर मैंया मोहारा केरा। राम्स गुसन केरा ही बाचा, "नीन एंगन बेंजरआ होआ।" इदिन मेंजस कीराम्स बाचस—"देवी एंगहा गा बेंजा मंजकी किरकी रई। नीन एंगहा सन्नी इंगड़िस संघे कत्था कमअय।

आस शायद निगहा कत्थन पुरा कमआ ओंगोस।'' शूर्पनखद लछमन्स गुसन केरा अउ असही गुसन बेंजा ही प्रस्ताव कमचा। लछमन्स बाचस। एन गा एंगहा कोंहा इंगड़िस ही सेवक इकदन। अगर नीन एंगहा मुक्का बन ओय होले निंगा—''असही दासी मनोय की रअना पर्रोओ। इदी ती अच्छा मनोकि नीन रामचन्द्र जीस गुसन कलय की असीनुम निंगहा कत्थन बअय।''

ईदिन मेन्जा की सूर्पनखद कैरतीलाल पियर मंजाकीराम्स हेद्दे केरा अउ बाचा कि नीन निंगहा ई मुक्का ही खातिर एंगहा प्रस्ताव बोन ठुकर आ लगदय। इदगे इदिन ए–न अक्कुन पिला चिआलगेन। एन्ने बाचा की आद सीता तरा केरा। राम्स सीता बोन कुंबा तरा काला गे बाचस। अउ तान धनुष बान होच्चस की इज्जस केरस। ईरु नू लछमन्स झपटाचास की बरचस अउ आस रामसिही ईशारन समझारस की शूर्पनखा ही मुई खेबदन खंडियस होच्चस। आद चींखनुम उलुखनुम तंगड़ी खरदूषन्स गुसन केरा। खरदूसन्स रावण सिही तंगड़िस अउ ई प्रदेश ता बेल रहचस।

खेंस ती लथपथ खेखेल नू पर्रका तंगड़िन तड़पारना ईरियस की–राक्षस खरदूषन् स कैरारस। आस मेंजस–बहिनी ईद एंदरा मंजा? साफ साफ बअय कि निंगहा ई हालत ने : था कमचकानर? महाराज रावण सिही तंगड़ी ही ई दुरदशा कमना ही ने हिम्मत देवराज इंद्रसिही हूं मल मनाउंगी। एका ओर्तस ईकदस आस असही काल असिन मेखा लगी।

भइस ही कैर निंदकन अउ ढाढ़स हिंअना बचन मेंजा की सुर्पनखद खन्जलखो बोहाबअनुम बाचा–ई टोंका नु दू झन मेतर बरचका रअनर। आर बहुत सुकुमार अउ सुन्दर रअनर। आर तमन बेल दशरथ सिही खद्द तेंगनर। अरही नामे राम, लछमन इके। अरही संघे ओन्टा रूपवती मुक्का रई। इदही कारण एंगहा ई हालत मंजकी रई। एंगहा इच्छा रई कि नीन ई दुरदशा ही बलदा आ तिनो झरिन लवआ कि होआ।''

इदिन मेंजस कीखर्स तंगहा बलवान अउरण कुशल बीर राक्षसर रिन मीखियस की अरिन सप्फा कत्थन समझाचस अउ बाचस कि नीम ई तिनोरिन लवआ कि ओन्दरआ विआ। खरसिही आडर खक्खियर कीराक्षसर केरर।

राम-लछमन अउ सीता त महा कुम्बा नू उक्का राचर। राक्षसर शोर मचबअनुम अरही गे टूट पर्रर। राम्स तुरुत अरिन झगड़ा कम आ हेल्लरस। आस कत्था-कत्था नू सप्फा राक्षसर ही नास कमचस चिच्चस। नेथा बच्छरर आर बोंगर की खर सिन जम्मा हाल तिंगियर। खर तंगहा ती बहरी मंजस केरस-बाचस— ‘‘एन अक्कुन आ तिनो झन रिन जमलोक तइय्यादन।'' एन्ने बाचस की आसतंगड़िस दूषन्स ही संघे लड़ई गे केरस।

अजगोराम्स लछमणसिन बाचस—‘‘एंगहा वहां भुजद घड़ी घड़ी फटकारआ लगी। इदही ती पता चलरआ लगी कि जल्दीम भयंकर लड़ई मनु रई। जो राक्षसर लवरकानर अरही बलदा होआ अरही उर्बस अवश्य बरओस। नीन सीतन होआ कि ओन्टा बने गुफा नू किर्रिम बिआ। एंगहा संसो अमके कमआ। एन राक्षसर रिन् पिटोन की जल्दी निंमहा गुसन कौन।''

लछमन्स सीता बोन होच्चस की ओन्टा गूफा नू किर्रिम बिच्चस। अरही केरका तीराम्स धनुष बान होच्चस की लड़ई गे तियार मंजस केरस।

खरस बो राम सिन लड़ई गे तियार ईरियस की असही मइय्या तंगहा सप्फा राक्षसर संघे ओंघोल कुना धावा कस-नक्खरर चिच्चर। रामचन्द्रजीस चरियो तरती राक्षसर ती घेरारस केरस। तभुले आस कटिको हूं मल घबड़ारस। आस राक्षसर ही ढिलिचिका बान बोन खंडा की अरही मइय्या तंगहा भयंकर बना ती हमला कमनुम कालालिस। जोक्क घड़ी ता घमासान लड़ई ख़ोख़ा राक्षसर ही सेना हारआ हेल्लरा। अदही ख़ोख़ा खर-दूषन अउ अरही सेनापति त्रिसिरस तंगहा सप्फा राक्षसर संघे ओंघोल कुना रामस मइय्या हमला कमचर चिच्चर। मुंदल राम्स बिजली बेसे चमकारनुम, ईरनुम ईरनुम आघूता चौदा हजार राक्षसर, खर-दूषन अउ त्रिशिरा सिन मउत ही घाट नू एताचस चिच्चस।

अध्याय - 8

मारिच सिही कपट

पंचवटी नूं एसन रामसिही आश्रम राचा अदिन दण्डका टोंका बआ लघियर। अदिन आलर की अड्डा हूं बआ आलिहर। राम्स ही खेक्खा ती लड़ई नू सप्फा राक्षसर लवतारकाचर अन्नूहूं रावणसिही विश्वासी राक्षस, अंकपन्स बच्छरस केरकाचस। आस केरस की लंकाधिपति रावण सिन सप्फा समाचार तिंगियस।

अजगो खर-दूषन सिही पिटका ती दुखी जंगारका अउ मुई खेबदा खंडिका ती अपमानित मंजका बलदा होअना ही भावना ती शूर्पनखद हूं तंगड़िस गुसन अड़िसिया।

रावणसिही आघू केरा की आद खिबख सिक्ख ही कलकलरा कमआ हेल्लरा अउ बआ हेल्लरा कि एरा निंगहा राअनुम विगड़ी ही ई हालत मामुली दूझन आलर एन्ने कमचर चिच्चर। निंगहा दिम राज नूं निंगहाय निगड़िरिन अउ अरही सेना बोन आ दुनू झन राजकुमारर सप्फा कमचर चिच्चर। अरही संघे ओन्टा बड़िहा मुक्का रई। आदिम ई सप्फा झगड़ा ही जरी इके। नीन एंगहा ई अपमान ही बलदा होआ। आ मुक्कन हारआ ओन्दरआ अउ आ राजकुमारर रिन पिटाचिआ।

शूर्पनखा ही हालत ईरियस की अउ असही तथा खरदूषन-सिही दूत अंकपन सिही समाचार ती सप्फा हालत बो असही समझ नू बरचा केरा। आस सीता ही हरण कमना अउ राम-लछमन सिही काम तमाम कमना ही निश्चय कमचस। शूर्पनखा बोन एन्नेम समझाचस अउ दम चिच्चस की आस तंगहा ताका गर्राधूका बेसे ईकु रथ नू उक्किया जन-स्थान नू मारिच सिही आश्रम नू अड़िसियस। ईस आ मारिच्स राचस। नेकन विश्वामित्र सिही जग नू राम्स बो ईन्दरकिमचस ही बान तौ लवचकाचस अउ असन उडियारस की आस इसन जन-स्थान नू खतरका राचस। अउला ती आस इसन तपस्या कमआ हेलेरकाचस।

रावण्स मारिच सिन जम्मा हाल बाचस, सीता हरन कमना ही तंगहा उपाय तिंगियस अउ अन्नू सहायता चिच्चस। मारिच्स रामसिही परताप बोन अखआ लघियस। आस रावण सिन तंगहा हाल तिंगनुम समझाचस अउ ई कुकरम ती हटबअना ही कोशिश कमचस। मुंदल रावण्स तंगहा जिद्द नू अड़चका राचस, भलुक असिन पिटना चिअना ही धमकी चिच्चस। मारिच्स पच्चियस केरका राचस। रावणसिही ई कत्थन मेंजस की आस सोचचस की रावण्स ही खेक्खा ती खिअनाती रामस ही लवचका अच्छा इके। इदगे आस रावण्स हीतिंगका बुतन कमआगे तियार मंजस केरस।

रावण्स ही ई योजना राचा कि मारिचस सोन ही मिरगा बनओस कि राम्स की कुंबा ही आघू कोस अउ सीता हीमन बोन तंगहा तरा आकर्षित कमओस। सीता आ सोन ही बड़िहा मिरगा बोन धर आगे रामसिन अग्रह

कमओ। जब राम्स मिरगा बोन धरआगे बरओस होले असिन तंगहा ख़ोख़ा दंउड़त अनुम आस गेच्छम जंगल नू होउन कलन। रामसिही किर्रिंम बिच्चकू नू लछमन सिन हू कुंबा तीगेच्छा। तइय्यन चिअन अउ तभे आस साधुस ही भेष धरओस कि सीता बोन तंगहा रथ नू ओक्कतअन की होअन कलन।

ई योजना ही अनुसार रावण्स मारिचस सिन तंगहा संघे रथ नू ओक्काताचस कीराम सिही आश्रम ही हेद्दे अड़िसियस। मारिच्स ओन्टा बड़िहा सोन रंग ही मिरगा ही भेष कमचस अउ डेरा नू फदकार आ हेल्लरस।

सीता बोद ईरिया कि ओन्टा बड़िहा मिरगद डेरा नू बेचा लगी। मिरगा ही मइय्या इन्द्रसिही धनुष बनचकी रई। अदहीरंग सोन बेसे रई। अउ एसन एसन करिया अउ पंड़री हूं रई। अदहीसींग ती इन्द्रसिही नीलमनी बेसे तरास उरखा लगी। आद अदिन ईरिया किम चकित रहचा केरा। आद राम अउ लछमन सिन मीखिया। सीता ही मेंखना बो मेंजर की दुनू भईर बरचर। सीता बोद अरिन बाचा "ऐरा ई मिरगद इ कोड़हे सुग्धर रई। एंगहा इच्छा रईकि इदिन घरआ कला। जेमा कि ईद नमहा मन भुल-बअतरोओ।"

राम्स बाचस—"लछमन सीतद ई मिरगा नू मोहित मंजकी किरकी

रई। इदगे ईमिरगन एन ओन्देरआ बिअलदन। यदि इदिन उज्जना पोलकन ओन्दरआ होले लवओन की ओन्दरो-ओन इदही चपटद हू एतक बड़िहा रई। नीम सावचिती रअके राक्षस इय्या भेष बदलिई कीकिंदरार अतरई सीता बोन ओरोत कुना अमके अम्बा।''

एन्ने बाचस की राम्स मिरगा बोन धरआ किर्रिम बिच्चस जब मिरगा रूपी मारिच्स ईरियस कि असन घरआगे बरअ लगदस, खने आस बोंगस। राम्स अदही ख़ोख़ा दउड़ाचस मिरगा एकालेक्खा नूं खरा कालालिया एक्कालेक्खा आधू बरआलिया। एन्नेम आद असिन बनेम गेच्छा होच्चा केरा। आखिरन राम्स धनुष ही तीर अम्बियस। तीर लग्गना सांठ मारिचसिही असली रुप प्रगट मंजा केरा, खिअनुम आस जोर से चिचियारस—हे लछमन। इदही ख़ोख़ा असही प्रान उडियार केरा। अक्कू राम्स गे पता चल्लरा कि ईद गा धोखा मंजकी किरकी रई। आस सोंच नू पर्रस केरस कि मरिच सिही आवाज मेंजा की जानकी ही एन्देर हाल मंजा मनो। राम्स एन्ने सोंचचस की जोरहा डेरा तरा किर्रियस बरचस।

इजगो जब सीता बोद—हे लछमन ही अवाज मेन्जा खने आद घबड़ारा

कीलछमन सिन बाचा, लछमन जल्दी कला अउ निंग्हैभईस हीसहायता कमआ। एन्ने मालूम पड़ारआ लगी कि आस राक्षसर हीफांदा नू पड़ारकादस। असही

मइय्या मुसीबत बरचकी किरकी रई। एन असही बिगर उज्जना पोल्लोन रआ। नीन जल्दी असही सहायता गे कला।''

लछमनूस बाचस—''देवीनीन संशो अमय कमअय राम–सिन ने था हूं बाल बांका कमआ पोल्लोर। रामूस निंगहा रक्षा ही भार एंगन सोंमोचकादस। एन असही मलरउना नू निंगन ओरोत कला अम्बा पोल्दन। नीन चिंता अमा कम अय, रामूस सकुशल रअदसमनो।''

सीता ही हालत ईलिचका मिरगा बेसे मनालिया। काड़ हेम शोक विव्हल मंजका लेक्खा अदही बुद्धि ही ठिकाना मल रहचा। ऊद लछमन्स भइय्या कैरारनुम बाचा—''एन समझारकन केरकन, निंगहा भईस गे कुछ संशो मल्ला। आस खिओस हूं कोस होले निंगा एन्देर दुख मल मनो। नीन असिन एब सोओय की एंगन खक्खना चाहअलदय। निंगहा नियहत खोटहा इके। मगर ई दिन समझाउआ होआ कि एन असही बिगर ई धरती नू ओन क्षण हूं उज्जना ही इच्छा मल कम ओन।

सीता ही एन्ने कड़ा कत्था मेंजस की लछमन्स भक रही केरस। असगे दुख मंजा। आघूगा समझ नूं मल बरचा कि एकन्ने कम ओन। अन्नू हूं सीताही हालत ईरियस अउ तंगहा मइय्या अदही ई भाव ईरियस खने आस बनेम दुखी स्वर नू बाचस—''नीन बनेम, कठोर शब्द एंगन बाचकी दी। राम

सिही आज्ञा इके की एन निंगन ओरोत केला मलअम्बोन, मगर निंगहा मन ही भाव अउ निंगहा आज्ञा एंगन राम्‌स हेद्‌दे काला गे रूसी कमआ लगी। ठीक रई। ए–न कालालगदन।''

एन्ने बाचस की लछमन्स कुंबा हीचरियो तरा डांड़ पारचस की बाचस, ''नीन ई डांड़ ती बहरी अमके काला। भगवान्स निंगहा कमअन।'' ईरू बग्गे बाचस कि आस तेजी से अजगो केरस एकाजगोती अवाज बरचकी राचा।

अध्याय - 9

सीता-हरण

रावण्स ही चाल सफल मंजा। आस ईरियस कि जब राम्स ऊउ लछमन्स कुंबा ती बहुत गेच्छा केरकानर खने शरील नू गेरुरंग ही किचरी चोचस की साधुर ही रूप कमचस की आस राम्स ही कुंबा हेद्दे अड़िसियस अउ बहरी ती अवाज लगबाचस—"साधुस गे भीक चिआ।" सीता बोद साघुस ही अवाज मेंजा की दुखीर अनुम हूं सोचचा कि खाली खेक्खा मल काला चिअना चाहिए। कुंबा नू जो कंदमूल रहचा आद होच्चा की लछमन्स ही खिंचिचका रेखा ही भितरी ती भीक चिआ हेल्लरा। इदिन ईरियस की रावण्स बाचस—"देवी एम ही रिरका भीक मल होअदम। साधुर ती निंगा एंदेर हूं इलिचका मल्ला। हीरिरका भीक चिअना ती निंगा सराप लग्गो।"

साधु रूप धरचका रावण्स ही ई कत्थन मेंजा की सीतद इलिचिया केरा

अउ लछमन्स ही खीचिचका रेखा ती बहरी बरचा की रावण्स गे भीक चिआ हेल्लरा आरू लेक्खा रावण्स तंगहा असलीरूप परगट कमचस अउ सीता बोन चोदचस ओन्दरस की तंगहा रथ नू ओवक्ताचस। अउ अकाश डहरे ती लंका तरा उड़ियारस केरस। सीता कल्पारनुम-हे राम हे लछमन पुकार कमआ हेल्लस। आऊ लेक्खा अदही नजर जटायू मइय्या पर्रा। आद चिचियारा की बाचा—''हे जटायु ई राक्षसस एंगन अनाथबेसे एंगन हारआ की होआ लगदस। इसही ती एंगन बछबआ।''

गिदुहा बेल जटायुस सीता हीदुख निंदका अवाज बोन मेंजस कि रावण्स मइय्या झपटाचस अउ बाचस—''दुष्ट! सीता बोन अम्बा चिआ, मल होले निंगहा आखरीयसमय हेद्दे समझारआ।'' ईदिन मेंजस कि रावण्स कैरती निंदियस की जटायु बोन लवआगे दउड़ाचस। मगर जटायुद रावण्स ही बार ती तंगन बछवाचस होच्चस अउ तंगहा तेज ठोर अउ डेना हीलौंचका ती घायल कमचा की रावणसिन मुर्च्छित कमचा चिच्चा। जब रावण्स गे चेत बरचा खने आस धनुष नू चिंयार अरगाचस की जटायुगे निशाना कमचस। आरु लेक्खा जटायू बोद एंपन ठोर ती खंडिया चिच्चा। खने रावण्स तब्बल ओत्थरस अउ झपटाचस की जटायू ही डेना खंडियस चिच्चस। डेना खंडरा केरा खने जटायुद खेखेलनू खत्तरांस केरस। उड़ियार आगे अदही ताकत राचा मउका ईरियस कीरावण्स बोंगस। अक्कू सीता गे एन्देर डहरेहूंमल राचा। आद चींखनुम कालार्लिया। आद तंगहा शरील ता माला बोंन गहना गुट्टिन अदिन किरया हेबड़ा हेल्लरा। जेमा कि कभू राम लछमन्स अदिन बिद्दनुम अजगो कोर होले अरगे पता चलरऊन कलन।

एन्नेम कानुम कानुम सीता हीं नजर ओन्टा परता ही छत नू उक्का कटिक बेन्दरर मइय्या पर्रा। आ बेन्दरर हूं सीता बोन अकास डहरे ती होअना अउ विलाप कमना ईरियर। सीता बोद बेन्दरा रिन ईरिया की सोंचचा कि ईर शायद राम सिन एंगहा पता तेंगोर चिओर। अत: आद तंगहा साड़ी हीओन कोन्टन चर्रिया अउ अन्नू तंगहा बछरका गहनन गठियाचा की आ बेन्दरुर ही मजही नूं टिड्डा चिच्चा। बेन्दरर लवकारर की अदिन होच्चर केरर। आर

कटिक ईरियर अउ कमचर कि ईरू नू रावण सिहीरथ बोद बड़े बेग ती आघू बड्ढरा केरा। बेन्दरर गे सीता ही करुण बिलाप ही अवाजद कुना मेन्दरआ लघिया।

रावण्स सीता बोन लंका होच्चस केरस। अदिन लोभबआ गे तंगहा सुन्दर महल, अइय्या ता सुन्दर चीज अउ अनेक दास दासी रिन एदस की बाचस, "नीन एंगा जिया ती बड़के प्यारी इकदी। ए-न निंगन इदगे खड्डकन ओन्दोरकन कि नीन एंगहा पटरानी मनोय की सप्फर मइय्या राज कमओय।" आस सीता बोन ललचआगे के प्रकार ही कोशिश कमआ हेल्लरस। आस हजारों राक्षसी रिन सीता ही सेवा गे उइय्यस चिच्चस। मगर सीता मइय्या ई कोशिश ही कुछ असर मलपरां इन्नू रावण्स गे बनेम कैर बरचा। आस सीता बोन अशोक बाटिका नूं तइताचस चिच्चस अउ त्रिजटा राक्षसी ही देख नू केराक्षसीर ही अदगे पहरा लगबाचस चिच्चस।

अध्याय - 10

जटायुस ही केच्चका

मारिच सिन लवचस की जब राम्स किरिंयस खने डहरे नूं खीक्क शकुन मना हेल्लरा। सिकटा चींखा हेल्लरा। आस सोंचचस कि कुछु असुभ कत्था मंजकी रई, या मनु रइ, खने सिकटद एन्ने चिचियार आ लगी। असही मनबोद शंका तीनिंदिया केरा। आस संसो ती मंजस केरस। ईरू नू कटिक आघू केरका ती डहरे नू लछमन्स संघे भेंट मंजा केरा। राम्स असिन मेंजस लछमन नीन सीता बोन टोंका नू ओरोत कुना अम्बिकय की एकन्ने बरचकय केरकय।

लछमन्स सप्फा कत्थन बाचस तिंगियस। दुनूर ही मन संकित मंजा केरा। आर जल्दी जल्दी डेरा तरा केरर। डेरा नूं अड़िसिका ती एरनर एंदरा इके कि सीता असन मलकी। राम्स अदिन इजगो- अजगो बेद्दा हेल्लरस। जब आद मल खक्खरा, खने राम्स सी धीरज एबेसरा केरा अउ कलपार आ हेल्लरस। लछमन्स असिन धैर्य बंधबाचस। तहां दुनू भइर सीता ही खोज नू केरर। डहरे नू सीता ही शोक ती व्याकुल राम्स मन्न-मास बोन तथा ओड़ा बोन सीता ही पता मेन्दस। आस मन ही सन्तुलन बोन एबसका चिच्काचस। कटिक गेच्छा कलो बरी कोंहा कोंहा खेड्ड अउ रथ ही चक्का ही चिन्हा बोन ईरियर की दुनू भइर अन्दाज लगबाचर कि एकअम राक्षस जानकी बोन हरन कमचा की आकाश डहरे ती हुच्चकी रई। ईदिन ईरियर की दुनू भइर बनेम बिचैन मंजर केरर। बिद्दनुम जटायु संघे अरही भेंट मंजा। जटायुद बाचस, "जानकी बोन रावण्स हरन कमचस की होच्चस केरकादस। आद

हे राम, बाच बाच–बिलखार बिलखार चीखा लगीया ए–न असिन रोकोचकन, मगर आस तब्बल ती एंगहा डेनन खंडियस चिच्चस। अक्क् एन खिअना ही हालत नू इसन पर्रकादन। दुष्ट रावण्स एंगहा ई हालत कमचस चिच्चचस अउ अकास डहरे ती सीता बोन होच्चस केरस।"

एन्ने बअनुम बअनुम जटायुद तंगहा अम्बिया चिच्चस। रार्मासही शोक दुगून मंजा केरा। आस विव्हल मंजस की चींखा हेल्लरस। दुनू भइर जटायु ही दगिन ओलताचर कमचर अउ आघू तरा केरर।

कानुम–कानुम दुनू भइर ओन्टा घना जंगल नू अडिसियर। असन आर ईरियर कि जोर से अबाज कामनुम ओन्टा बहुत विचित्र परकार हीराक्षस बरआ लगी। असही छाती परता बेसे चकड़ अउ कोंहा राचा। लेकिन अदही कुक्क अउ खेसेर मलराचा। आद रामसिन बाचा—"नीन ई टोंका नू बरना ही हिम्मत एकन्ने कमचकय? अक्कू नीन ईयया ती उज्जना मल किर्राय।" अदही ईरू कत्था राचा कि दुनू भइर लपकारर की अदही बहान खंडियर चिच्चर। खेक्ख खंडरा खने आद खत्तराकेरा। आद बाचा–बीररो ए–न निंगहा ती हारचकन केरकादन। नीम एकाओर्तर इकदर एंगा निमहा परिचय चिआ। लक्ष्मन्स तंगहा परिचय चिअनुम बाचस कि एम अयोध्या ता बेल दशरथ सिहि खद्द राम अउ लछमन इकदम। आद बड़ा प्रसन्न मंजा। आद रामसिन बाचा—"एंगहा नामें कबंध इके। नीम एंगन ई गड्डी नू चआ चिआ अउ एंगहा अगिन संस्कार कमआ चिमआ। एन ऋषिस ही सराप ती ई शरील बोन खक्खिकचकन। अक्कू एंगहा उद्धार मैजा केरा।" ई दिन मेजर की राम्स अउ लक्ष्मन्स अदिन गड्डी नू चाचर को कंक चाचर अउ चिच्च लघबाचर चिच्चर।

गड्डी ती कबघस तेजस्वी अउ सुन्दर रुप धरचस की प्रगट मंजस। आस राम अउ लछमन सिन ओल लग्गियस अउ बेन्दरा बेल सुग्रीव सिही पता तिंगियस की बाचस "कि नीन असही संघे मितान कम ओय होले आस सीतन बेद्दा कमआ गे पूरा सहायता चिओस। आस अरिन रिष्यमूक परता ही पता हूं तिंगियस। एसन सुग्रीव्स तंगहा साथीर ही संघे रअलियस। तहां

दुनू भईर ती आशीर्वाद खक्खियस की सरगकिर्रिम बिच्चस।

दुनू भईर कबन्ध सिही तिंगका डहरे ती आघू तरा केरर। डहरे नू अरगे शबरी ही डेरा खक्खरा। शबरी भील जात ही ओन्टा बनेम भगतिन मुक्का

राचा। आद अरिन ईरिया की इज्जा केरा। अउ आद दुनू भई रिन ओल लग्गिया की अरहीन मनचा अउ पुजा नंजा। बाचा—"देव, ए–न एंगहा गुरुस ही सेवा नाना लघिकन। उन्दुल आस एंगन तिंकाचस कि निगहा ई डेरा नू भगवान रामस अउ लक्ष्मन्स बर ओर। आ दुनूर ही नीन आदरो कमके। अउला ती ए–न निमहा डहरे एरा लगीकन।

ई दिन मेंजस कि राम्स गे खुसी मंजा। शबरी बोद राम लछमन सिन बने प्रेम ती सकलाचका पान खंजका गुट्ठिन मोखताचा। अदही ख़ोख़ा भगवान राम सिही स्तुति कमचा अउ परलोके किर्रिंम बिच्चा।

अध्याय - 11

सुग्रीव्स ही मित्रता

दुनू भइर फिन आधू तरा केरर। कानुम कानुम रिष्यमूक पतरा नू अड़िसियर। सुग्रीव्स गेच्छा ती राम अउ लछमन सिन बरना ईरियस ख़ने इलिचियस केरस। आस तंगहा मंत्री हनुमान सिन बाचस-नीन बाम्हन सिही लेक्खामना की कला अउ अरही पता लगबआ कि ईर एका ओर्तर इकनर? कभू बालिस एंगन लवगा गे गा मल तइकादस।''

हनुमान्स बाम्हन सी लेक्खामन्जास कमचस की केरस। राम लछमन तिंगियर कि आर अयोध्या ता बेलस दशरथ सिही खद्द इकनर। अयंग कैकेयी अउ बंग दशरथ सिही आज्ञा ती टोंका नू बरचकानर। ईय्या राक्षसर सीता बोन छलकमचर की हरचर होच्चका नर। अदही खोज नू आर टोंका नू भटकार-आनर। कत्थन ईरु सरल अउ हार्दिक ढंग ती मंजा कि हनुमान सिही श्रद्धा राम्स मइय्या जमचा केरा। हनुमान्स सुग्रीव सिही हूं परिचय चिच्चस। अउ दुनू भईरिन सुग्रीव निवास अड्डा नू ओन्दरस बरचस। सुग्रीव्स रामस संघे बने प्रेमतीमिल्ल रस। आस सीता ही द्वारा हिबिड़का गहना ही गठरी बोन दुनू भईरिन एदस। दुनू भइर गहना बोन चिन्हचर होच्चर कि आद सीता ही दिम इके।

इदही ख़ोख़ा चिच्च हीसाखी नू सुग्रीव अउ राम सिही मित्रता मंजा केरा। सुग्रीव्स सीता जी बोन बेद्दना ओथोरना ही वादा कमचस अउ राम्स बालीसिन पिटा की सुग्रीवसगे असही राज चीतअना ही परन कमचस।

इदही ख़ोख़ा सुग्रीव्स तंगहा जम्मा कत्थन रामसिन तिंगियस मेन्ताचस।

आस तिंगियस—''एंगहा कोंहा इंगडीय बालिस एंगन लवचस पसचस की एड़पा ती ओत्थरस चिच्कादस। अउ एंगहा राज अउ मुक्कन बच्चियस होच्चकादस। ए-न बहुत दुखी रअदन। नीम एंगहा सहायता कमआ। असही बैर अक्कुन गुटिक एंगागे चलरा लगी।''

राम्स बालिस ही कैर ही कारन मेंजस ख़ने सुग्रीव्स तिंगियस-एन अउ बालिस किसकिन्धा नगरी नूराज कमआ लघिकम। उंदुल एम, एमहा महल नू खंदर आ लघिकम कि मायबी नामे ही राक्षस बोद बरचा की एमन लड़ई गे ललकाचा। बालिस लड़ई कमना गे तियार मंजस केरस। एन हूं असही संघे चलरकन। नगर ही बहरी केरर की बालिस अउ राक्षस लड़आ हेल्लरर। बालिस राक्षस बोन हरबाचस बोन हरबाचस चिच्चस अउ राक्षस इलिचका ती बोंगा। बालिस अदही ख़ोख़ा कमचस। आ राक्षस बुंगनुम बुगनू ओन्टा गुफा ही भितरी किरिम बिच्चा। बालिस हूं अदही ख़ोख़ा गुफा भिंतर्रा केरस। गुफा भितरी कानुम-कानुम आस बउनुम केरस कि छै महिना ही भितरी नू मल किर्रोन होले नीन अख़के होअके कि बालिस केच्चस केरस। ए-न गुफा ही मुहूटा गुसन उक्कचकन। जोक उल्ला ख़ोख़ा गुफा ही मुहूटा ती खेस ही कोहम धार उरखा। अदिन ईरिकन की ए-न सोंचोचकन कि आ राक्षस बोद एगड़ी सिन गा मल पिटिया चिच्चा अउ तहां एंगन हूं गा मल पिटन चिअन। इदगे ए-न ओन्टा कोंहम पत्थरन गुफा ही बई नू उइकन की अउ बईन उटुचकन की बरचकन केरकन। ए-न भई सिही खिअना ही कत्थन जम्मर ती छुपबआ की उइना ही सोंचोचकन, मगर मंत्रिरगे ई सप्फद मालुम मंजा केरा। आर एंगन जबरदस्ती किसकिन्ध ता बेल घोषित कमचर चिच्चर। इजगो बालिस राक्षस बोन लवचस की किर्रियस बरचस। ए-न राज मुकुट एत्ताचकन की भई सिही खेड्ड नूं उइकन चिच्चकन अउ बाचकन-भई निंगहा बिगर किसकिन्धा नगरीद सुन्ना रई। जम्भर निगाहा डहरे एरा लघियर। नीन बरचमय केरकय। ओन्दा राज कमआ।

लेकिन बालिस गा बनेम कैरारकाचस। एंगहा कत्थन न ध्यान मल चिच्चस। आस गरजारस की बाचस—''दुष्ट जब ए-न दानव बोन

लवचकनकी गुप्फा ती उरखा लगिकन ख़ने असन जबड़ कोंहा पथरा खक्खिकन ए-न दू-तीन घां निगह सुग्रीव-सुग्रीव बदके चिचियारकन। मगर एन्देर उत्तर मल ख़खरा। ए-न पथरन लात लवचकन की टाडचकन अऊ असन धरचकन की एरदन की नीन गा एंगन जलांजली-तरपन-चिच्चकय की राजभोग आदय। रोकर आदुष्ट, निंगहा कमचका ही फल बोन चिखय आदन।" अउ ईरु बाचस की आस एंगन लवचस पसचस की एड़पा ती अउराज ती ओत्थरस चिच्चस अउ एंगहा मुक्कन तंगहा गुसन उइय्यस होच्चस। अक्कू ए-न निंगहा मदत चाहआदन। नीन बाली सिन लवआ की एंगहा रक्षा कमआ।

राम्स मेंजस की रिष्यमूक परतद गा बाली सी राजनुम रई। आस निंगन लवआ खेदआंगे एन्देरगे मल बरदस? इन्नू सुग्रीव्स बाचस—"ओघोल ए-न दुनू भई राज महल नू अराम कमआ लघिकय। ईरूनू दुन्दुभी नामें ही ओन्टा राक्षस मनखा ही भेष कमचा की बरचा। बालिस अदही संघे लड़आगे अदही ख़ोख़ा ख़ोख़ा दंउड़ाचस अउ अदिन लवचस पिटियस की रिष्यमूक परतानू लिभिड़ियस चिच्चस। असन ओरोत मुनिस तपस्या कमालियस। राक्षस ही ख़ेंस असही डेरा न बरचा की खत्तरा। ख़ने असही तपस्या भंग मंजा केरा। आस बालिस गे सराप चिच्चस की नीन एंग्हा तप बोन भंग कमचकादय। इदगे अगर नीन ई परता नू बरचकय होले भसम मनोयकोय।" ई कारण ती बालिस इसन बरआ बरआ पोल्दस इके अउ ए-न बालिस ही इलिचका ही मारे अउ जगहा मल खविखकन की इसानुम रअदन।

राम्स सुग्रीव सिही कथाबोन मेंजस की असिन बाचस कि नीन कला की बालिसिन लड़ई गे ललकआ। जब नीन बालिस संघे लड़अत रोओय होले ए-न बालीसिन लवओन चि ओन।

राम्स ही विश्वास ती सुग्रीव्स किसकिन्धा नगरी ही भितरी केरस अउ आस बाली सिन लड़ई गे ललकाचस। बालिस बरचस अउ सुग्रीव्स संघे लड़आ हेल्लरस।

दुनू भइर ही चेहरा मिल्लरा जुलरआ लघिया। ख़ने राम्स बाली सिन चिन्हआ पोल्लस। छेद्दा नू बालिस सुग्रीव सिन हरबाचस चिच्चस, सुग्रीव्स

तंगहा जिया होच्चस की बोंगस अउ रिष्यमूक परता नू राम्स ही शरण नू केरस। राम्स बाचस—"निमहा दूनू र ही भेंष भूषा अउ मुहरन एतका भिलरिई जुलरिई कि ए-न निंगहा ती बालीसिन भेद कमआ पोलकन। इदगे चिनहागे

नीन इंदरिइम चिनहा अता होआ।"

राम्स सुग्रीवसिन तंगहा खेसेर ता मालन अत्ताचस चिच्चस अउ असही संघे किसकिन्धा चल्लरस। असन बाली अउ सुग्रीव्स फिन लड़आ हेल्रर। राम्स माला ती सुग्रीव सिन चिन्हचस की बालिस गे चिंयार अम्बियस। चिंयार केरा की बालिस ही छाती नू लग्गिया, आस घायल मंजस की धरती नू खत्तरस केरस। असही शरील ती ख़ेस ही धार बोहचा केरा।

राम अउ लक्ष्मन्स बालिस गुसन बरचर। बालिस रामसिन कठोर शब्द ती बाचस, "राजकुमार रो ए-न निमहा संघे लड़आ मल बरचकचकन। एंगन नीम बइरी एकन्ने समझारकर अउ सुग्रीव्स निमहा प्यारा एकन्ने मंजस केरस? नीम धर्मात्मा मंजकर की निर्दोष सिही जान एकन्ने होअदर।"

राम्स बाचस—"सन्नी भईसिन नीन एड़पा ती ओथोरकय चिच्चकय। असही मुक्कन बच्चिकय होच्चस। तभूले असही संघे निंगहा बैर रहे राचा। नीन धरम ही उलंघन कमचकादय। सुग्रीव्स साधू प्रकृति ही इकदस। आस धरम पूर्वक राज कमओस। ए-न सुग्रीव्स गे राजजीअना ही प्रतिज्ञा कमच-

कादन।'' इदिन मेंजस कि बालिस खेक्ख जोड़चस की रामसिन बाचस—
''नीन जो एंगन बान लवचकाचकय, अदही पिरा ती व्याकुल मंजकन की ए-न निंगन कठोर कत्था बाचकन चिच्चकन। सुग्रीव्स संघे अन्याय कमचका ही भूल ए-न समझारकन। नीम एंगहा अपराध बोन क्षमा कमआ।''

तरमीरका बालिस धरती नू पर्रकाचस। अस ही घायल मना ही समाचार असही तनखई तारा गे ख़क्खरा। आद शोक ती व्याकुल मंजा की खतरनुमा चुअनुम तंग आलस गुसन अड़िसिया अउ चींखनुम तंगदा अंगद सिन बाचा—
''बेटा निम्बस अक्कू अम्बा की बनेम गेच्छा किर्रिम बिआदस। इसही आखरी दरशन कमआ होआ।''

तारा सोक तीसंतप्त धरती नू पर्रकीराचा। हनुमान्स अदिन समझाचस। ईरु नू बालिस मुर्छा ती चेतरस। आस सुग्रीव सिन बाचस, ''भई ए-न निंगहा बैर हींचकन, इदगेम एंगहा ई दशा मंजा। अक्कू ए-न खिआदन। नीन एंगहा

मालन अत्ताहोआ। एंगहा अंगद्स संघे बेटा बेसे व्यवहार कमके। असही सुविधा ही ध्यान उइके। बेन्दरा हीकिसकिन्धा नगरी नू अक्कू नीन राज कमआ।''

भई सिही ई कत्था मेंजस कि सुग्रीवसिही बैर भाव शांत मंजा केरा भईसिही आखिरी इच्छन पूरा कम आगे आस बाली सिही माला बोन अत्तियस होच्चस अंगदसीन युवराजकमचस अउ बालीस ही ख़ेड्ड नू कुक्क नवबाचस। बालिस किर्रिंम बिच्चस।

सुग्रीव्स गे भईसिही लवतारका ही बनेम दुख मंजा। असही ख़न्न ती ख़न्न जलखो बोहआ हेल्लरा। शोक ती विव्हल मेंजा की ताराद राम सिन वाचा, "भगवान नीन एन आलासिन लवचकादय। अक्कू नीम एंगहा हू वध कमआ चिआ होले निमहा कृपा मनों अउ एंगहा कल्यान मनो।"

राम्स अदिन समझाचस अउ शोक अम्बा चिआगे बाचस। एन्ने हू बाचस कि अंगद सिही शिक्षा अउ रक्षागे अदगे उज्जना चाहिए। तहा राम्स सुग्रीव सिन बाचस—"सुग्रीव अक्कू नीन बालिस ही दगिन संस्कार कम आ अउ दुखी अंगद अउ तारा बोन धीरज बंधबआ।"

सुग्रीव्स राम सिही आज्ञा ही पालन कमचस। ओन्टा पालकी मंगबाचस अउ अदिन के परकार ही पूंप अउ कमल ही माला ती सजबतारा केरा तहां अन्नू बालिस ही मुरदन उइय्यर की तुंगभद्रा खाड़ होद्दे होच्चर अउ असन नियम पुरबक असही ओल्ताचर कमचर।

असलेक किर्रिंयर की सप्फर राम्स हेद्दे बरचर। हनुमान्स रामसिन बाचस—"अक्कू नीम किसकिन्धा गुचा की सुग्रीवसिही बिधीबत राजतिलक कमआ।"

राम्स बाचस—"ए-न बंगस ही आज्ञा अनुसार चौदा बर्स गुटिक नेखा नंगरी नू काला पोल्दन। निमहा संघे कोस की लक्ष्मन्स राजभिषेक कमओस। अरु गुटिक ए-न ई परता नू रओन।

इदही ख़ोख़ा लक्ष्मन्स अउ जम्मा बेन्दरर सुग्रीवसिन होच्चर की किसकिन्धा केरर। असन आस असही चलागत बेसे राजभिषेक कमचस।"

अध्याय - 12

लक्ष्मणस ही कैर

राजतिलक मंजका ख़ोख़ा सुग्रीवसिही किसकिन्धा नू राज कमआ हेल्लरस अउ राम अउ लक्ष्मन्स रिष्यमूक परता नू रआ हेल्लरर। बरसा रितु बरचा केरा। चरियो तरा बहुत चेंप पर्रआ हेल्लरा। खाड़ नरवा उमड़ारा बरचा। बदाली अकाश नूं-किन्दरार आ हेल्लरा। बीड़िंद हर समय बदाली नू नू खर की रई। घना जंगल मंजकाती उल्ला नूं एखरआलिया। बदाली ही कारन गा उल्ला हूं माखा बेसे हेल्लरा। बेंगवा अउ अनेक परकार ही बरसाती जन्तु चीखा हेल्लरा। एन्ने नू रामसिन सीता ही याद कोड़हे सतबआ हेल्लरा। औरोत नू असही मन इलची अउ लछमन सिन बअदस—"लछमन-एन्ने एकांत नू एंगा बड़ा सुन्ना मालूम मना लगी। पता मल्ला सीता एसन रई मनो अउ अदगे एकन्ने बितरआली मनो। एदही बिचार-कमदन की एंगा अउ हूं खिक्ख लग्गी।"

लक्ष्मन्स के परकार ही कत्था अउ खीरी बाअदस की रामसिही जियन बहलअदस। असिन धीरज बंधबअदस एन्नेम नू बरसात बित्तरा केरा। सुहाबनी सरद् रितु बरचा केरा। उल्ला नू बिड़ना चमकारआ अउ माखा बरी चन्दो बिल्ली चमकारआ हेल्लरा। कांसी ही लम्बा लम्बा ख़ंजपा झुलुरआ हेल्लरा। ओड़ा चींखा हेल्लरा। चेंप ही मारे गुफा तथा खोखरा ता पर्रका जनउर गुट्ठिद बहरी बरचा की किन्दरारआ अउ तंगहा मंडी ही खोज नू किन्दरारआ हेल्लरा।

बरषा रितु नूं सीता न बेद्दा गे आलारिन बहरी तइना संभव मल राचा, लेकिन शरद रितु बरचकाती अक्कू गा डहरे सप्फा मंजकी किरकीचा। अउ

सप्फा काम बूता यात्रा गुट्ठिद शुरू मंजकी किरकीचा। ई उल्ला राम्स लछमन सिन बाचस—"लछमन-मालूम मना लगी, सुग्रीव्स राज खक्खियस की आनन्द मनबआ लगिका केरकादस। एथेरआ लगि कि आस सीता ही खोज ही कत्थन भुल्लरस केरकादस। जान पर्रआ लगी, असिन इदही याद चिआ पर्रोओ।"

लछमनृस गे सुग्रीव सिही मइय्या बहुत कैरबरचा। आस एक्दम तेज मंजस की बाचस-भइय्या नीन ठीक बाचकय। सुग्रीव्स राजी खक्खियस की जम्मन भुल्लरस केरकादस। ए-न अक्कून किसकिन्धा कादन की असही अवक्ख ठीक कमदन।

राम्स बाचस—"अक्कुन नमहा कैर कमना ठीक मल्ली। नीन सुग्रीव्स गुसन कला की असिन समझआ बुझबआ की एंगहा गुसन ओन्दरआ बिआ। तहां असही संघे कत्था कमओत हो ओत।"

रामसिही बचन ती लछमनसिही कैरगा कटिक जुक्की मंजा, मगर मनता क्षोभ ज्यों के त्यों बनचकी राचा। आ हालतनुम आस किसकिन्धा अड़िसियस। असन अंगद्स खक्खरस। आस अंगद सिन बाचस—"नीन कला की सुग्रीव सिन बआ कि लक्ष्मन्स बरचकादस अउ नंगर द्वार नू इज्जका दस।"

अंगद्स लछमन सिही मुहरा ता भाव बोन सकझारस केरस। कि अक्कुन आस कैरनूर अदस। आस बिन इंदरिइम बाचका सुग्रीव सिन लछमन सिंही संदेश चिच्चस लघियस अउ तिंगियस चिच्चस कि लछमन सिही मुहरत प्रसन्न चित मल एथरा। सुग्रीव्स समझारस केरस कि सीता बोन बेद्नना ही जों बचन आस चिच्चका चस आदिन आस भुल्लरस कैरस, इदगे लक्ष्मन्स गे कैर बरआ लगी मनों। खने गा कुशल मलिकस।

असही कैर बोन शान्त कमना एंगहा बस ही कत्था मल्ली। असही हेद्दे अंगद अउ तारन तइना चाही। एन्ने सोचचस की सुग्रीव्स अंगद सिन बाचस बेटा अंगद नीन निंगियोन होआ कि कला लछमन सिन समझआ।

अंगद्स तंग्यो तारन होच्चस की लक्ष्मन्स गुसन केरस। असन केरा की तारद लछमन सिन समझाचा बुझबाचा की कैर बोन शान्त कमचा। ईरू नू सुग्रीव्स हूं बरचस करस। आस तंगहा भूलबोन मंजूर कमचस की प्रतिज्ञा कमचस की एन तुरूतीम बेन्दरा रिन सीता खोज नूं तइय्यादन।

अध्याय - 13

सीता ही खोज

बेन्दरा बेल सुग्रीव्स ही आज्ञा ती बेन्दरर ही भींड के भीड़ असही गुसन बरआ हेल्लरर। सुग्रीव्स राम्स गुस्तेक तंगहा प्रमोद ही क्षमा नीचस अउ बेन्दरा रिन सीता ही खोज कमआगे चरियो दिशा तरा तइय्यस। आस बाचस— "कि लेक्खा ही भितरी नूं ई काम पुरा कमआ गे इके।" दक्षिन दिशा नूं एका बेन्दरा तइतारा अदही सेनपति अंगड्स राचस। अन्नू हनुमान्स अउ जामबान्स हूं राचस। आदल नू ईरु कोंहा अउ कुशल बेन्दरा रिन तइना ही कारन ईद राचा कि जटायू सिही बअना ती राम्स गे ईद मालूम मजा केरा कि सीता बोन लंका ता बेल रावण्स हरन कमचस की होच्चकादस। बेन्दरा बेल सुग्रीव अउ हनुमान सिही हूं ई विचार राचा कि एक राक्षस सीता बोन होच्चकादस आस दक्षिण दिशानुम केरकादस।

राम्स अंगदसिन आशिर्वाद चिच्चस अउ बाचस कि नीन निंगहा कोशिश नू जरुर सफल मनोय। हनुमान सिन मीखियस की आस तंगहा हेद्दे ओक्कताचस अउ असगे तंगहा खेक्ख ता मुद्दीन चिच्चस की बाचस कि सीता निंगा खखरोओ कलो होले अदिन ई मुद्दीन एदके अउ संगहा चिनहा ने अदगे चिअ के हूं बरके।

एन्नेम बेन्दरर ही बड़कोंहा सेनद चरियो दिशा नू सीता ही खोज न् उरखा केरा। जम्मा बेन्दरर चरियो तरा खूब किन्दरारर सप्फन छानचर चिच्चर मगर जानकी ही एसन हूं पता मल लग्गिया।

सप्फा बेन्दरर बिंद्दनुम बिंद्दनुम खड़िदियर केरर। जोक्कर निराश मंजर

की किर्रियर हूं बरचर। एका बेन्दरर अंगद सिहीदल नू दक्षिण दिशा नूं केरकाचर, आर तंमहा खोज हमारी उदयनुम ओन्टा तंग गुफा ही भितरी केरर। आर तमहा उज्जना ती तंग मंजर केरकाचर। जोक्क गेच्छा केरका ती अरगे परकाश एथरा अउ ओन्टा कोंहम बगीचा आघू नू बरचा। अन्नू फरी अम्म ती निंदका के ठन तरिया राचा। खोप्पा मन्न अउ नाड़ा फूल अउ खंजका ती लदारकीचा। आ गुफा नुम अरगे सोन चांदी ही एड़पा भगतिन बेसे एथर आलिया। जम्मा बेन्दरर अदिन ओल लग्गियर की मेन्जर कि ई गुफद अउ महल नेका इके?

आद तिंगिया कि ई सप्फद मय राक्षस ही कमचका इके। निमा एन्देर हूं इलिचका मल्ला। नीम रामसिही कामगे बरचकादर, इदिन ए-न अखआदन। नीम इय्या निश्चित मना की निमहा कीड़ा-अम्मोनका जुड़बआ। बेन्दरर असन खंजपा पूंप मोक्खर की कीड़ा मेट बाचर अदही ख़ोख़ा आर बाचर कि अक्कू एमन गुफा ती बहरी अड़सतआरचीई।

आ मुक्कद बाचा—"जम्मर अपन ख़न्नन मिंखा होआ।"

जम्मा बेन्दरर तमहा खन्नन मिंखियर होच्चर। जोक्क लेक्खा ख़ोख़ा आ मुक्कद बाचा। अच्छा अक्कू खन्नन एरा। ख़न्न ईराक ती आर एन्दरा एरनर कि असन न गुफा रई, न बगीचा अउ न आ भगतिन। आघू अपार

समुन्दर लहरारआ लगी।

इय्या गुटिक जम्मा बेन्दरर अड़िसियर गा केरर मगर अरही काम एसन मंजा। सीता हीगा कुछू पता मल लग्गिया। सुग्रीव्स एका समय चिच्चकाचस आद कट्टिया किरकीचा। अदगे जम्मा बेन्दरर दुखी राचर कि किसकिन्धा किर्रकू नू सुग्रीव्स अरही वध कमओस चिओस। अंगद्स अरिन बाचस "कि अक्कू गा एन्नेम किर्रकू नू सुग्रीव्स ही ख़ेक्ख नाम सप्फर लवतार ओत ओकरले अच्छा एन्ने मनो कि नाम सप्फर इसानुम उपास रो ओत की खिओत कलोत। अंगदस ही कत्था हनुमान सी समझ नू मल बरचा। आस बचास— "कि एन्ने खिअना नू एंदेर फायदा मनों। नाम अउ कोशिश कमओत अउ आ कोशिश तू खिओत कोत होले एन्देर परवाह मल्ला।" मगर अंगद्स आग्रह कमनुम बाचस कि नीम सुग्रीव सिन बल्लादर। आस एंगहा मइय्या बैर उइदस। काम मल मंजा, खने अरगे अउ मउका ख़ख़रोओ। ओकर ले एंगहा खिअना काना दिम ठीकइके। इदिन ईरियर की सन्नी बेन्दरर चींखा हेल्लरर। खनेम ई बेन्दरर ही कत्थन मेंजा की जटायु सी तंगड़ीस सम्पातिस असन बरचस अउ अरही बिलाप कमना ही कारन मेंजस। बेन्दरर सम्पाति सिन राम लच्मन सिही बनवास, सीताहरन, जटायुसिही केच्चका, बाली सिही बध अउ सीता ही बेदना ही सप्फा हाल तिंगियर। जटायुस हीरावण्स द्वारा लवतारका या पिटना ही हाल मेंजसकी सम्पातिस बहुत दुखी मंजस। अउ बाचस— "जटायुस गा एंगहा कोहा इंगिड़स राचस। नीम एंगन उठबआ की समुन्दर ही हेद्दे होआ गुचा ए-न इंगड़िस ही जलांजली चिओन बआदन।"

बेन्दरर सम्पादित सिन समुन्दर हेद्दे होच्छर केरर। असन आस भइस गे तरपती चिच्चस। तहां बेन्दरर असिन उठबाचर कि असही रअना अड्डा नूं ओन्दरर बिच्चर। सम्पातिस गे भइस ही खेअना अउ सीता हीहरन मंजका हींकत्थन मेंजस की बहुत दुख मंजकी राचा। ई दुक्ख ही शान्त मंजका बरी अंगद्स संपाती सिन असही डेना ओलना ही कारन मेंजस। संपातिस बाचस— "बचपन नू बीड़ी ओसोड़ना ही एम दुनुभाई हार जीत बिच्च कचकम? जटायुस गा जोक्क लेक्खा ख़ोख़ा बीड़ी ही गरमी मल सहआ उंगियस की

किय्‌या इत्तियस बरचस। मगर एन घमंड बस मइय्‌या-दरा मइय्‌या अरगनुम केरकन। अदगे एंगहा डेना उल्लीया केरा। अउ ए-न बिना डेना ही मंजकन की किय्‌या खतरकन केरकन। असन हेददे नू ओन्टा मुनिस ही कुम्बा राचा। मुनिस एंगहा बड़ सेवा कमचस। जब ए-न कटिक बने मंजकन खने आस बाचस—"नीन इसानुम रआ। निंगहा डेना ही संसो अमा कमआ। रघुवंश नूं ओन्टा महा तेजस्वी बेल दशरथ्‌स मनोस। असही जेठ खद्‌द राम्‌स तबस ही आज्ञा तीचौदा बरस गे बनवास तंगहा सन्नी तंगड़ी लक्ष्मन्स संघे मुक्का सीता ही संघे टोंका नू कोस। असन असही मुक्कन रावण्स हरओस हो ओस। राम्‌स सीता ही बेदना नू बेन्दरा। रिन तइय्‌योस। नीन सीता हीपता बेन्दरा रिन तेंगेके। होले निंगहा डेना कुन्दो कलो। इदही बनेम उल्ला ख़ोख़ा मुनिस ही स्वर्गवास मंजा केरा। अउ ए-न इसन सीता ही बेद्‌दा कमउ बेन्दरर ही डहरे ईरनुम उक्का रअदन।"

बेन्दरर संघे कत्था कमनुम संपातीसही डेन। उरखा बरचा। असिन ईरियर की बेन्दरर बडजोर से खुसीती अलिखियर। सम्पातिस बाचस—"एरा ए-न सो जोजन गेच्छा ता चीज बोन एरा ओंगादन। एन मइय्‌या एडियार ओन की सीता हीपता निमन सफ्फा रिन तेंगोन।"

एन्ने बाचस की सम्पातिस अकाश नू उड़ियारस केरस अउ जोक्क लेक्खा ख़ोख़ा किय्‌या इत्तियस की आस बेन्दरासिन तिंगियस किय्‌या ती ठोक दक्षिण दिशा नू लंका नू राक्षससिन ती घेरेरका सीता उक्की रई। निमहा ता नेथाई सो जोजन समुन्दर बोन पारकमआ ओंगोरस, आस लंका कलन की पूरा पता लगबअन होअन। एन्नेम परकार बेन्दरा रिन सीता ही पता तिंगियस की संपातिस उड़ियारस केरस। बेन्दरर बहुत प्रसन्न मंजर अउ चिचियारनुम समुन्दर ही तट नू अड़िसियर।

अक्कू ई सल्हाव मना हेल्लरा कि समुन्दर आ पक्खे नेकओ? अंगद्‌स बाचस—"एन इस्तेक सौ जोजन काला गा ओंगोन, मगर किर्रना ही ताकत एंगहा नू रओ की मला इदिन ए- न निश्चित बआ पोल्दन।"

जामवन्त्‌स बाचस—"एन जब जवान राचकन ख ने एंगहा नू बड़

गेच्छा काना ही ताकत राचा, मगर अक्कू एंगहा शरील नू आ ताकत मल्ला।"

सप्फर बहुत चिंतित मंजर। जामवन्तस हनुमान सिन बाचस—"पवन ख़द्द नीन समुन्दर बोन पार कमआ ओंगादय अउ किर्रा हूं ओन्गादय। ई सप्फा बेन्दरा नू ओरोत नीनिम रामसिही काम बोन कमना नू समर्थ रअदय।"

जामवन्त्स ही हिम्मत चितऊ बानीन मेंजस की हनुमान्स समुन्दर पार कमआ गे तियार मंजस केरस। अउ महेन्द्रगिरी परता नू अरिगियस केरस की आस राम सिही नामें होच्चस, जोर से उचारा लवचस, अउ उड़ियारस केरस। डहरे नू सुरमा नामे ही राक्षसी खक्खरा। आद हनुमान सिन बाचा—"ए-न निंगन मोखोन" हनुमान्स बाचस—"आयंग जानकी ही खोज कमओन की किर्रौन होले एंगन मोखके हो अके।" मगर सुरसद मल मनचा अउ हनुमान सिन नुनुखा गे तंगहा बई चलखा ही असही आघू इज्जा केरा। हनुमान्स बोन दस जोजन ही कमचस होच्चस। सुरसा बोद तंगहा बइय्यन बीस जोजन फैलाचा होच्चा। हनुमान्स तंगहा शरील बोन भुंसड़ो बेसे कमचस होच्चस अउ सुरसा ही बई नू कोरचस को बहरी उरखस बरचस। हनुमान सिही चतुराई ईरिया की सुरसा बहुत प्रसन्न मंजा। आद हनुमान सिन बाचा एन निंगहा बुद्धमान तीं प्रसन्न रअदन। इदगे नीन जनककुमारी सीता ही खेज

कमना नू जरूर सफल मनोय। कला अउ निंगहा काम नू सफलता खक्खा।

एन्ने बाचा कि सुरसा किर्रिम बिच्चा। हनुमान्स फिन आधू बड्ढरस। समुन्दर नूं सिहिका नामें ही ओन्टा अउ राक्षसी रअलिया। आद आकाश नूं उड़ियारऊ ओड़ा ही एख बोन धरआ ओहलिया अउ अदिन मोखा चिअलिया।

आद हनुमान सिन अकाश डहरे तो काना इरिया की सोंचचा कि ईद हूं एक अम ओड़ा इके। इदिन मुक्कु चिच्च कू नू एंगहा कूलद उड़ओ कलो। आद हनुमान सिही एखन धरचा होच्चा। हनुमान्स सन्नी कुनारुप धरचस की अदही बई नूं किर्रिम बिच्चस। भितरी केरस की आस तंगहा ओरोख ती अदही कूलन चर्रियस चिच्चस अउ बहरी उरखस बरचस।

एन्नेम अने बाधा बोन कट्टनुम अउ समुन्दर बोन कट्टियस की छेद्दा नू आस लंका ही हेद्दे अड़िसियस केरस। असन आस ओन्टा परता नू उक्कियस की लंका ता शोभन एरा हेल्लरस। जब माखा मंजा केरा खने आस सोंचचस की अक्कू लंका नू कोरना चाहिए। आस बहुत सन्नी कुना रुप धरचस अउ पतरा ती इत्तियस की लंका नगरी ही द्वार नूं अड़िसियस केरस। असन नगर ता देवी लंकिनी पहरा चिअलिया आद हनुमान सिन मेंजा, "बेन्दरा-नीन एका ओर्तय इकदय इकय्या ती बरचकादय? एन्देर कामगे बरचकादय?

नीन बल्लादय कि ईद लंका ता बेल रावण सिही नगरी इके? बेल रावण्स कोहम बलशाली इकदस। असही पराक्रम बोन नीन बल्लादय? नीन इय्या बरना ही हिम्मत एकन्ने कमचकय।''

लंकिनी बोद कत्थन कटिक एन्ने ढंग ही बाचाकि हनुमान्स गे ताव बरचा केरा। आस लंकिनी ही छाती नू ऐसा ओन मुटका जमबाचस कि आद धरती नू चरियो खाना चित खत्तरा केरा अदही बई ती ख़ेंस उरखा हेल्लरा। आ समझारा केरा कि एका बेन्दरस एंगन एन्ने लवा ओंगादस, आस अवश्य दिम राक्षस रही नाश हूं कमआ ओंगदस। आद तंगहा आखरी समय अखचा की हनुमानसिन बाचा—''नीन खुशी से ई राज नू कला अउ निंगहा काम कमआ। अक्कू राक्षसर हीखिक्ख उल्ला बरचा केरा एथरआ लगी।'' ईरु बाचा कीआद तंगहा जियन अम्बिया चिच्चा।

हनुमान्स आधू तरा चल्लरस। आस राज डहरे ती कालालियस। असन आस पुष्पक विमान ईरियन सुन्दर बगीचा अउकोंहां कोंहां महल ईरियस पुना ढंग ही सप्फा सैनिक सामग्रीन ईरियस। अन्नू ता सप्फा ती मेंच्छा अउ बने एड़पा नू हनुमान्स कोरचस। आद रावण्स ही महल राचा। असन आस एका बग्गे सुन्दर मुक्कारिन ईरियस ओन्टा बने मुक्कद हीरा जवाहरात ती बनचका

खटी नू चूतकीचा। मगर अन्नू सीताजी बेसे एन्देर कत्था हीपता मल चल्लरा। धीरे-धीरे आस रावण्स ही सप्फा महल नू किंदरारस बरचस मगर सीताजी हीपता मल लग्गिया। अइय्या ती उरखस की आस नंगर ता सप्फा महल अउ एड़पा ही भितरी काला काला सीताजी बोन बेद्दा हेल्लरस। एसन जरुरत मली असन आस तंगहा कोंहां रुप कमदस होअदस अउ एसन जरुरत पर्रई असन सन्नी कमदस हो अदस। बनेक बिद्दकू नू हूं असगे एसन हूं जानकी ही दरशन मल मन्जा। एन्ने नू हनुमान्स कटिक निराश मना हेल्लरस। इरु नू आस ओन्टा महल हेद्दे अड़िसियस। आमहल आने महल ती गेच्छा राचा। भिती नूं राम नामे लिखचका ईरियस। तुलसी ही खोप्पा ती बगीचन निंदका ईरियस। आघू कोरचस खने धीरेम राम नामे ही अवाज मेंदरा। हनुमान सिही आश्चर्य ही पार मल राचा। ई राक्षस नगरी नू एन्ने राम भक्त एका ओर्तस ईकदस ? तहा एकअम मायवी राक्षस एंगन छलआगा मल लगी। ए-न सपना गा मल एरादन ? आस जोक्क घड़ी महल ही कोन्टा नू कले कले इज्जकाचस अउ धीरे-धीरे तानिम राम नामें ही जप कमआ हेल्लरस। इसही अवाज बोन मंजस की महल ती ओरोत सुन्दर ढंग ही राक्षसस बहरी उरखस अउ जोर से बाचस—"इसन राम सिही नामें हुऊ एकअम जिव बरचकी रई एथर आली आस आघू बरचस केरस असगे एन्देर इलिचका मल्ला"

ईस रावण्स ही तंगड़ी विभिषन्स राचस। असही अवाज मेंजस की हनुमान्स कोन्टा ती बहरी उरखस। आस विभिषन सिन ओल लग्गियस अउ तंगहा हाल तेगरस चिच्चस। विभिषन्स हनुमान सिन ईरियस की बनेम परसन मंजस। आस असिन छाती-ती लगबाचस होच्चस। अउ बनेम मया कमचस बाचस—"कि रावण्स सीताजी बोनहरचस की इसन ओन्दरस बरचकादस अउ अदिन अशोक, बगीचा नू कैद कमचस की उइका दस। ईरु बाचस कि आस हनुमान सिन अशोक बगीचा हीपता तिंगियस चिच्चस।" हनुमान्स अशोक बगींचा तरा चल्लरस। आस विभिषन सिन बाचस कि—"काना ही आधू निंगहा संघे अउ मिलिर ओन।"

अध्याय - 14

सीता खक्ख़रा केरा

विभिषन्स हीतिंगका डहरे ती हनुमान्स अशोक बगीचा अड़िसियस। आ बगीचन ईरियस की असही मन बनेम परसन मंजा। अइय्या अनेक किसीम ही पूंप अउ खंजपा ही मन्न राचा। अदही मजही नूं अशोक ही ओन्टा बड़िहा मन्न राचा। अदही चरियो तरा ओन्टा बड़िहा चोरा बनचकी राचा। आ चौरा नू एका बग्गे राक्षसिर ती घरेरका ओन्टा सुन्दर सौम्य, दुखी अउ उदास मुक्का मइय्या नजर पर्रा। आस समझारस केरस कि होन हो ईदिम सीता माता इके। दुख अउ उपास ही कारण आद पातर मंजा किरकीचा। अन्नू ले अदही बइय्यद चन्दो बेसे उज्जर अउ परकाशमान राचा। आस मने मने नू सीता ही ओल लग्गियस अउ राक्षसिन अउ सीता ही नजरे बठबाचस की सन्नी कुना रूप धरचस की आ शोक मन्न नूं अरिगियस केरस।

जोक्क लेक्खा ख़ोख़ा चरियो तरा अंदोड़ बेसे मेन्दरा अउ आस ईरियस कि राक्षस बेल रावण्स तंगहारानीं मंदोदरी अउ सैकड़ों नौकरानीर ही संघे बगीचा नू बरआललदस। आस सीधा सीता हेद्दे किर्रिम बिच्चस। सीताबोद रावणसिन ईरिया की ख़ोख़ा कमचा होच्चा। खने रावण्स बाचस—"सीता अक्कू नीन लज्जेन अम्बय चि अय एलचय अमय। आ दुनू तपस्वीर ई सन कभू बरआ पोल्लनर। अरही आसरा अम्बय चिअय अउ एंगहा पाटरानी मनय कलय। ए-न एंगहा सप्फा रानी पाटीन निगहा खेड्ड नू उइग्योन चिओन। निंगा एन्देर हूं दुख मल मनो। अक्कू राम सिन मन ती ओथर अय चिई। आस गा सधारन बनबासिस इकदस। आस एंगहा बराबरी कभू कमआ पोल्दस।

इय्या गुटिक अड़सना हूं अस ही संभवमल्ला। साइत आस परता नू भोटकार अक्कू गुंटिक खतम मंजस केरस मनों।''

सीता बोद बाचा—''रावण नीन बहुत कोंहा अन्याय कमचस-कादय। नीन चोरी तीहरन कमचकय की एंगन ओंदोरकादय। नीन राम अउ लछमन सिही पराक्रम बोन बल्लादस। आर बिगर एंगहा खोज कमचा मल मन ओर। अतः नीन निंगहा भला आदय होले एंगन श्री राम्स हेद्दे तइय्या की असही गुसन निंगहा अन्याय ही क्षमा कमओसचिओस। नीन निंगहा मुम्कानुम मन लगबआ अउ राज कमआ। एंगहा आसरा अम्बा चिआ। मल होले रामचन्द्र सिही खेक्खा निगहा सर्वनाश निश्चित इके।''

सीता ही इ कठोर बचन मेंजस कीरावण्स बाचस—''एन निंगहा गुसन मीठा बचन बआ की प्रेम ही भीक निआदन, अउ नीन कठोर कत्था बआ कि एंगहा तुस्सा कमआ लगदी? नीन खुद निगहा भला-बोन मल समझारआ लगदी। नीन ओरोत सधारन तपस्वीस गे जिंयन बरबाद कमआ लगदी, असही एन्देर ठिकाना मल्ला। तंबस असिन राज ती ओत्थरस चिच्चस अउ अक्कू आस कबही परता नू भोटकारस की केच्चस केरस मनों। खैर निंगा ए-न दूमहिना नू एंगन निंगहा मेत कमना मल-मचकी मल कमचकी होले एंगहा रसोइय्यस निंगहा कुटी कुटी कमओस की एंगागे कलेबा कमओस। एन्नेम

परकार एन निंगन मुन्जोन कम ओन चिओन।''

एन्ने बाचस की रावण्स सप्फा राक्षसिन रिन आज्ञा चिच्चस कि आ सप्फर एन्ने उपाय कम अन की जेमा सीतर असही बस नू बरअन कलन।

ईरू बाचस कीरावण्स तंगहा महल नू किर्रिंम बिच्चिस।

राबण्स ही किर्रिंम बिच्च कू नूं सैकड़ों भयंरक राक्षसिर बरचर अउ सीता बोन रावण्स संघे बेन्जा कमआ गे मसझआ हेल्लरर। मगर सीता जीद अरही कत्था नू एन्देर ध्यान मल चिच्चा। खने सप्फा राक्षसिर सीता जी बोन के परकार ही सतबआ हेल्लरर। सीतद खन्न मिंखिया की अशोक मन्न हीतना संघे लटिखिया की रामचन्द्र जीस ही याद कमच कमच चींखा हेल्लरा। आद अबा हेल्लरा—'हे लक्ष्मण एंगन ई पांपिर ही चंगुल ती बछबआ। ए-न निमहा कत्थन मल मेन्जकन की बड़ाकोंहं भूल कमचकन। अक्कू नीम बीड़ी अमा कमआ। हे राम, एन निंगहा बिगर उज्जना मल र ओन।'

आ राक्षसिर नू त्रिजटा नामं ही ओन्टा समझदार राक्षसी हूं राचा। आद सीता ही हालत ईरिया खने नन्ना राक्षसी रिन समझाचा कि बाचा—''एरा महाराज रावण्स बो निमन सीता बोन समझआ बुझबआ की बेन्जा कम आगेराजी कमआगे बाचकादस। नीम सीता ती एन्ने पेश बरा कि आद उज्जना रओ। अगर नींम जादा अति कमचकर अउ कभू निंमहाएलेक ताचका ती सीता ही

प्रान उरखा केरा होले रावण्स निमन सप्फा रिन पिटोस चिओस। दूसरा एन-न इन्ना माखा ओन्टा बिचत्र सपना हूं ईरक आदन कि महाराज रावण्स नंगरा मंजस खेंसो खेंसो माला अत्तिका गदहा नू अरिगिका दक्षिण दिशा तरा काला लगदस। जोक्क गेच्छा केरका ती आस किय्या खत्तरस केरस। अउ ओरोत करिया मुक्का असिन नतिगिया की होआ लछिया। रावण कुंीकरन असही सप्फा खद्दरिन हूं ए- इसुंग ती चइका अउ कुक्क मुंडुर का ईरकन। तहां आर गोवारी ही गड्डी नूं खत्तरर केरर। ई सप्फद बने शुभ मल्ली। सीतद पतिब्रता इके। तग मेतस रामचन्द्रस गे अदही प्रेम असधारन रई। नीम इदिन दुख अमाचिआ। एंगा एन्ने एथरआ लगी कि इदिन बिद्दनुम बिद्दनुम राम अउ लक्ष्मन्स इय्या बर ओर क्लोर अउ रावणसिन लड़ई नूं हर बोओर की सीता बोन छोड़वो ओर हो ओर।''

सीता गे त्रिजटा ही ई कत्थन मेन्जा की पनेम प्रसन्न मजा बाचा— ''अगर एन्ने मन्जा अउ श्री राम्स बरचस होले गा ए-न निमहा सप्फर हीरक्षा कमओन।''

हनुमान्स अशोक मन्न नूं उक्का उक्का सप्फा कत्थन मेना लघियस। असही आघू ही ई समस्या राचा की अक्कू सीता जी ही आघू परगट एकन्ने मनोन। जोक्क लेक्खा ख़ोख़ा त्रिजटा ही समझाचका ती राक्षसिर सीता जी बोन ओरोत कुना अम्बियर की ओन तरा गुच्छरर केरर। हनुमान्स सोंचचस कि ईदिम उचित समय रई। मगर यदि ए-न एन्नेम किय्या एत्तोन कोन होले सीतद एलचो कलो अउ रावण्स ही माया हीराक्षास मसझारओ कि चिचियारआ हेलरोओ। अदही चीखना मेनोर कीराक्ष्ज्ञसिर एजरो ओर कोर। होले राक्षसर बरओर की एंगन धर ओर होओर। इदही ती अच्छा गा ईद मनो कि ए-न धीरे धीरे एन्ने परकार राम्स ही गुन हीबरनन कम ओन की सीतद मेना ओगो। मगर यदि ए-न संस्कृत भाषा ती एन्ने कमओंन होले सीता जीद अदिन हू रावण्स ही माया समझार ओ की एलचीकी। अच्छा मनो कि एन साधारण आलर ही भाषा ही दिम उपयोग कमओन।

एन्ने सोचचस की अनुमान्स सता जीद मेना ओंगो ए-न परकार कसन

खरना शुरू कमचस—"हालेचनुम महाराजा दसरथ नामे ही बेल मंजचकुर कादस। असही जेठ खद्दस हीं नामें श्रीराम इके। आस बंगस ही बचन हीरक्षा गे सन्नी तंगड़ी लछमन अउ नन मुक्का सीता ही संघे टोंका नूंबरचर। टोका नू रअनुम लड़ई नू आर खर-दूषन सिही बध कमचर। खने रावण्स बनेम कैरारस। आस मारिचसिन माया मिरगा कम-चस की श्रीराम सिन ठगचस चिच्चस। अउ सीता बोन खड्डस की होच्चस। सीता ही हरन ती श्रीराम अउ लक्ष्मन्स बड़ दुखी अउ व्याकुल मंजर। सीताबोन बिद्दनुम बिद्दनुम आर रिष्यमूक परता नूं अड़िसियर। असन सुग्रीव नामे ही बेन्दरा बीर्स संघे असही मित्रता मंजा। श्रीराम्स बालीस ही-बड़ कमचस की सुग्रीव सिन किसकिन्धाता बेल कमचस चिच्चस। अदही ख़ोख़ा सुग्रीव्स सीता ही खोज गे चरियो दिशा नू तंगहा बेन्दरा सेना बोन तइय्यस चिच्चस।"

आलर ही अबाज ही नूं सीताजीद जब ई सप्फन मेंजा खने आधू आद इलिचिया तहा हिम्मत कमचा की मइय्या ईरिया खने ओन्टा सन्नी कुना बेन्दरा खन्न मिखिया की ई सप्फन कसन खरना एथरा। सीताजीद समझारा क ईद हूं कभू रावण सिही माया गा मम्ली। मगर अदही ईरनुम ईरनुम धीरे-धीरे अशोक मन्न ती क्यि्या इत्तियस अउ बने प्रेम हीसांठ सीता जी बोन ओल लाग्गियस की उक्कियस केरस। बेन्दरा ही व्यवहार बोन ईरिया की सीता गे बहुत आनन्द मंजा। खने हनुमान्स सीता जी बोन सप्फा कत्थान बिस्तार पूर्वक मेन्ताचस, तंगहा परिचय चिच्चस अउ सीता जी ही मन ता भरम बोन गेच्छा कमआ गे बाचस, "जब एम निंगहा खोज गे रवाना मना लघिकय खने श्री रामचन्द्र जीस एंगन तंगहा हेद्दे मीखिचस की निंगा चिआ गे तंगहा मुद्दिन चिच्चकाचस।"

"एन्ने बाचस कि हनुमान्स रामचन्द्र जीस ही चिच्चका मुद्दीन सीता जी गे चिच्अस लघियस।"

रामनामे लिखिरका राम्स ही आ मुद्दीन ईरिया की सीता जी गे हनुमान्स ही खप्फा कत्था नू विश्वास मंजा केरा अउ अदही खन्न नूं राम अउ लछमन सिही सुरता कमचा की खन्न जलखो ही धार उमड़ारा केरा। आद बिलखार

बिलखार चींखा हेल्लरा। खने हनुमान्स अदिगे समझअनुम बाचस—"अयो नीन दुखी अमा मनय। नीन चाहओय होले ए-न निगन अक्कुन उडबोओन की श्रीराम जीस गुसन होआ कादन। मगर आस बाचकादस कि ओंधोल सीता ही पता लग्यो को होले आस खुद, इय्या बरओस कीराक्षसर ही नाश कमओंस कीनिंगन बंदी एड़पा ती छोड़बोओस की हो ओस कोस।"

हनुमान्स हीईकत्थन मेंजा की आस अदिन उठबो ओस की राम्स हेद्दे

होओस कोस सीताजी गे विश्वास मल मन्जा। आद बाचा "हनुमान-निंगहा शरील गा ईरू सन्नी कुना रई। नीन एंगन मला एकन्ने उठबोओय की होआ ओगोय? निंगहा मेद ती गा ए-न समन्दर नुन खरतो ओन कोन। "

सीता ही ई कत्थन मेंजस की हनुमान्स तंगहा कोंहा रूप बोन एदस अउ बाचस—"कि रामजीस ही सेना नूं एंगहा बेसे कोंड़ां रूप बाला हजारों लाखों बेन्दरर रअनर। आर जब रामजीस संघे लंका नूं चढ़ई कमओर होले ईरनुम ईरनुम राक्षसर ही नाश मनो कलो। नी विश्वास कम अय कीं जल्दी निगहा ई संकट बो गेच्छा मनो। अक्कू बनेम बीड़ी मन्जा किरकी रई। एंगन कालना चाहिए। श्री रामजीस गे चिआ गे नीन हूं एँगा निगहा इंदरिइम चिंन्हा चिओय होले बहुत अच्छा मनो। जेमा कि ए-न श्रीरामजीस संघे मिलरोओन होले असगे विश्वास मनो कलो कि ए-न निंगहा सही खबर ओन्दोरकादन।"

सीताजी इदिन मेंजा कि पुलकित मंजा की तंगहा चूंड़ामाणीं बोन ओत्थरा कि हनुमान्स गे चिच्चा लघिया अउ बाचा कि श्रीरामचन्द्रजी सिन अबके कि चांड़ेम अरओस कि एंगहा उद्धार कमओस, मल होले आस एंगन उज्जसा

मल खक्खोस। हनुमान्स चुड़ामणीन होच्चस केरस अउ सम्हलाचस की उइय्यस होच्चस। इदही ख़ोख़ा सीता जी बोन बाचस—"अयो एंगा कीड़ा लक्की रई। निंगहा आज्ञा मनो होले ई अशोक बगीचा ता एम्बा अउ सुन्दर खंजपा मोखोन की कीड़ा मेटबो ओन।" सीता जींद जबाप चिंच्चा कि जरूर मोखा। एन्ने परकार खंजपा आहार ही आज्ञा खक्खियस की हनुमान्स सीता जी बोन दण्डवत प्रनाम कमचस। सीताजी बो असिन निंगहा कल्यान-मनो बाचा की आशिर्वाद चिच्चा अउ हनुमान्स बिदा मंजस।

बिदा मना साठ अनुमान्स कोंहां रूप धारन कमचस अउ अशोक बगीचा ता खंजपा मोंखा अउ मन्नन चड्ड चड्ड हेड़बा हेल्लरस। ई हालचाल अउ अवाज ती बगीचा ता रखबारर चोचर केरर, आर ईलचिका कुना बेन्दरन ईरियर की अदिन धरना ही कोशिश कमचर खने जोबक्कर गा लवतारर, जोवकर बोंगर की रावण्स हेद्दे अडिसियर अउ असिन अशोक बगीचा ही नाश मंजा ही समाचार तिंगियर।

राबण्स तंगहा दूझन वीर राक्षस रिन आ बेन्दरन धरआ ओन्दर आ गे तइय्यस। मगर आ दुनुर हनुमान्स ही खेक्ख लवरर। इदही ख़ोख़ा रावण्स प्रहस्त नामे हीतंगहा प्रसिद्ध वीर सिन तइय्यस। आस हूं असन केरस कीलवरस। खने कैरारस की रावण्स तंगदा अक्षयसिन हनुमान सिन उज्जना या केच्चका धरआ की ओन्दरआ गे तइय्यस।

बगीचा नू अडिसियस की अक्षय कुमार्स ईरियस कि सप्फा बगीचद उझड़ारका परंकी रई। अउ ओन्टा बेन्दरा ओन्टा मन्न नूं उक्का सप्फा राक्षस राक्षसी रिन एले कतआ लगदस। आस अस्तेक तुम खंइचके बान लवचस, मगर हनुमान्स अदिन बछवाचस होच्चस, असही छोड़ो अउ सारथी सिन टिचसटि चिच्चस अउ अक्षयसिन हूं उठवाचस की धरती नूं पखड़ायस चिच्चस। ईरनुम ईरनुम रावणकुमार अक्षय सिही प्रान उड़ियारा केरा। खने राक्षसर नू बहुत आतंक फैलारा केरा। आर बुंगनुम बुंगनुम रावण्स हेद्दे केरर अउ सप्फा हाल मेन्तचचर। तंगदस ही लवतारका ती रावण्स बहुत दुखी मंजस। असगे अचम्भव मना लघिया कि आखिर एन्ने एका बेन्दरद अशोक

बगीचा नूं बरचकी करचकी रई। आद कि अनर्थकारी उपद्रव मचअबा लगी। रावण्स कोंहा तंगदा मेघनाथ सिन तइय्यस कि कला कि एकन्ने एम आ बेन्दरन धरआ की ओन्दरआ।

मेघनाथ्स जब बगीचा नू अड़िसियस खने अइय्या ता बिध्वन्स लीला बोन ईरियस खने चकित रहीं केरस। आस एन्ने हालत नूं हनुमान्स संघे जादा लड़ई कमना ठीक मल समझारस अउ चलाकी ती काम होच्चस। आस हनुमान्स मइय्या इन्द्रस ती खखरका ताकत ब्रह्मा अस्त्र बोन चलबाचस।

हनुमान्स सोंचचस कि ब्रह्मास्त्र ही गा आदर कमना चाहिये। आस तंगहा मझोला रुप धारन कमचस अउ ब्रम्हास्त्र नूं हीररस केरस। मेघनाथ्स बड़ा परसन्न मंजस अउ हनुमान सिन हींचस की राबणसिही दरबार नू होच्चस केरस। रावण्स हनुमान सिन एरना साठ मभकारस केरस। असगे तंगहा सन्नी तंगदा अक्षयकुमार सिही लवचका ही याद बरचा केरा। इन्नू आवेश नू बरचस की मेघनाथ्स संघे सल्हाव कमचस की आस बाचस—"कि ई नीच बेन्दरन तुरन्त पिटवा चिअना चाहिए।" इदिन मेंजस की हनुमान्स बाचस—"हे

रावण ए- न श्री रामचन्द्र सिही दूत इकदन। रामचन्द्रस नू अउ बेन्दरा बेल सुग्रीव्स नू मित्रता मजा किरकी रई। बालिस राम्स ही खेक्खा केच्चकादस। नीन अक्कू रामजीस हेद्दे सीतन तइय्या चिआ। इन्नुम दिंगहा भलइ रई।''

हनुमान्स ही कत्था तीरावण्स कैरारस केरस। आस असिन आलेखम लौना ही आज्ञा चिच्चस। आरू लेक्खा असन रावण सिही सन्न तंगड़ी विभिषन्स राचस। आस रावणसिन समझाचस। ''ईस शत्रु सिही दूत इकदस अउ राजनीतिद एन्ने बआलगी कि शत्रु सिही दूत सिन लवना ठीक मल्ली। बेन्दरा गे तंगहा खोला नूं बहुत प्रेम मनी। इदगे इसिन लवना ही बजाय इसही खोलो नूं किचरी लपटआ की अउ इसुंग नूं मुनुखतआ की चिच्च लगबोओत चिओत अउ इसिन नंगर नूं किंदरो ओत चिओत। खोला ओलो को अउ ईस बंडा मनोश की शरम ही मारे तंगहा उर्बस गुसन बोंगोस कोस।''

विभिषन सिही ई कत्थद सफ्फर ही मने बरचा। हनुमान्स ही खोला नू किचरी लपटतार आलिया, आरू दिम हनुमान्स तंगहा खोलन वड़बआ होआलियस। आरू लेक्खा जेतका किचरी एकट्ठा कमआ की लपटारआ काला लिया, आरू वग्गे किचरी लपटाचर अउ अन्नू इसुंग चाचार की चिच्च लगबाचर चिच्चर। अद ही ख़ोख़ा हनुमान्स ही बंधन कुल्लियर चिच्चर अउ असिन नंगर नूं किंदर तारा केरा। हनुमान्स जोर से चिचिययारस अउ राक्षसर ही मजही ती आस ओन्टा महल नू ढेग गचस की अरिगियस केरस।

आस कभू ओन्टा महल नूं ढेंगदस, कभू इसर नूं। एन्नेम परकार आस चरियो तरा चिच्च लगबाचस चिच्चस। सप्फा नंगरी ओला हेल्लरा। लंका नू चरियो तरा हाहाकार मचचा केरा। रावण्स हूं पसतारस की बआ हेल्लरस कि ओन्टा सन्नी कुना बेन्दरद एन्ने उदबास कमचा चिच्चा। अउ आर अदही एन्देर हूं नठबआ पोल्लर।

हनुमान्स जोक्क घड़ी इन्नेम लंका नगरी नूं चिच्च लगबअत राचत। तहां समुन्दर नूं ढेगचस चिच्चस अउ तंगहा खोला ता चिच्चन तेभचस। इदही ख़ोख़ा अशोक बगीचा नूं केरस की सीता जी गुस्तेक फिन अशीरवाद खक्खियस की आस समुन्दर पार कमआ गेउडियारस।

हनुमान्स सकुशल तंगहा संघेर ही मजही नू अड़िसियस केरस। असिन तंगहा मजही खक्खियस की अंगद्स जामवन्त गुट्ठी सप्फर गे अपार आनन्द मंजा। हनुमान्स बो अरिन। सप्फा हाल तेंगरस चोदरस अउ सप्फर आपिस किसकिन्धा तरा चल्लरर। असन अडिसियर कि आर सुग्रीव्स ही सुरक्षित मधुबन नूं कोरचर केरर अउ अइय्या ता एम्बा खंजपा मोखा हेल्लरर। सप्फा वेन्दरर आनन्द ती मतवार बेसे मंजर केरकाचर। टोंका ता रखबारर आर सुग्रीव्स गुसन अड़िसिंयर अउ असिन ई समाचारतिगियर। मेंजस की सुग्रीव्स कैरारना ही बलय बहुत परसन्न मंजस। आस समझारस होच्चस कि अंगद्स ही अंगुबाई नू एका बेंदरर दक्षिन दिशा तरा केरकाचर आर तंमहा काम नू सफल मंजर कीं बरच-कानस। आस तुरन्त श्री राम अउ लक्ष्मन्स गुसन केरस अउ अरिन ई शुभ समाचार बोन मेंताचस। ईरूनू अंगद, हनुमान जामवंत गुटूठी रिन आघू कमचर की बेन्दरा दल हूं ऋष्यमुक परता मइय्या अड़िसियर केरर। जम्मर श्रीराम अउ लछमन सिंही खेड्ड नू ओल लगियर अउ सुग्रीव सिन जोहार कमचर। हनुमान्स शुरू ती आखिर गुटिक सप्फा हाल विस्तार तीं रामचन्द्र सिन मेन्ताचस-अउ बाचस—''नीम जल्दी उद्धार कमआ। अगर दू महीना ही भितरी अदिन अइय्याती मल छोड़बआ मल सकारा होले राक्षस रावण्स अदिन पिटोस चिओस।''

अध्याय - 15

लंका नूं चढ़ई

हनुमान्स ही बई ती सीताजी ही हाल मेंजस की अउ अदही चूड़ामणी खक्खियस की जोक्क घड़ी राम्स गम्भीर मंजस केरस। सीताजी ही सुरता नूं असही खन्न नूं खन्न जलखो छलकारा बरचा। मगर आस जल्दी बने मंजस केरस। आस हनुमान सिन बाचस—"वत्स ए-न निंगहा एकन्ने उपकार मनओन। नोन एंगहा आ बुतन कमचकादय अदिन नेथा हूं कमआ पोल्लोर तइके।" हनुमान्स रामचन्द्र सिही खेड्डन धरचस होच्चस बाचस—"प्रभू एंगा एन्देर हूं मल चाहिए। एंगन निमहा सेवक समझाइआ अउ खेड्ड नूं जगहा चिआ।"

इदही ख़ोख़ा खेड्ड संघे सल्हाव मना हेल्लरा कि अक्कू अक्कू आघू एकन्ने कमआ कालो। सप्फर ही राय मंजा कि बिगर समय बित बाचका लंका मइय्या चढ़ई ही तैयारी कमताअनर। सुग्रीवस ही सेना एकट्ठा मना हेल्लरा अउ राम लछमन तथा सुग्रीव्स सहित बेन्दरा ही आ कोहम सेनद बंगनुन चूंगनुम चिचिमारनुम समुन्दर ही हेद्दे अड़िसियस केरा अउ असन सेनर पड़ाव डालचा।

अजगो हनुमान्स ही लंका नू चिच्च लगबाचस की केरका ही ख़ोख़ा राक्षसर नूं ओन परकार ही आतंक छाहचा केरा। उंदुल जब राजसभा नू रावण्स तंगहा परवार ता आलर अउ सभासद उक्कीराचा। खनेम विभिषन्स रावणसिन समझअना शुरु कमचस कि राम लछमन सिन सधारन तपस्वी मल समझारना चाहिए। अरही संघे बैर बढ़वाचकू नूं लाभ मल्ला। अरही सेना ता ओन्टा सन्नी कुना बेन्दरद इय्या एन्ने कोंहा उपद्रव मचबाचा केरा अउ नाम

अदही एंदरा हूं बिगड़आ पोलकत। इदही कारन एन्ने समझारना चाहिए कि आर बनेम बलशाली रअनर। अतः अरही संघे विरोध मल कमआ की सीता बोन अरगे किरत आना चिअना चाहिए। अउ अरही संघे समझौता कमना हो अना चाहिए।

विभिषन सिही ई कत्थद राबण्स गे खिक्ख लग्गिया आसबाचस—"नीन एंगहा सन्नी इंगड़ी इकदय। एंगहा एंगहा भला-बुरन एन समझारदन निंगहा काम इके कि ए-न एकन्ने कमओन सन्नीभई सिही नाता, नीन अदही समर्थन कमआ अउ अन्नू एंगहा सहायता कमआ।"

इदिन मेंजस कि विभिषन्स बाचस "महाराज कोंहा भई सिही नाता ती नीन एंगहा पुज्य इकदय। मगर एसन अनिति अउ अन्याय मन्ना एथरोओ, असन ए-न एगहा कत्था बाचका बिगर मल रआ ओंगदन। सीता ही धोखा अउ चोरी तीहरन कमना अनिति इके। नीन-राम लक्ष्मन्स संघे सोज लड़ई कमचका की सीता बोन ओन्दरका बिच्चका होले खिक्ख मनुम आद पराक्रम मनतार ओ तइके। फिन सीतद निंगहा हेद्दे रआगे राजी मलकी। बिना अदही इच्छा ही अदिन नीन एकन्ने उइय्या ओंगोय? इदही अलावा एका घटना अक्कून घटरकी रई अदही ती हूं राजनीति अउ धरम नितीद एन्ने बआ लगी कि नाम सीतन किरतोओत चिओत।"

विभिषन्स ही ई कत्था मेंजस की रावण्स कैर ही मारे असरा हेल्लरस। आस एकदम इज्जस की निंदका सभा नूं विभिषन सिन धक्का चिच्चस अउ लात जमबाचस अउ बाचस—"पापी नीन एंगहा सन्नी इंगड़ी मल्दम बैरी इकदय। जो कि बैरीर ही आघू झुकरआ अउ सन्धि कमना ही सल्हाव चिआदय। कायर कहीं के? उरखा कला एंगहा इय्या ती। सन्नी भई समझारकन की निंगन चिअलदन मल होले निंगहा कुक्कद खेखेल नू लोटरोओ तइके।"

ईरु तार अपमानित मंजका ती हूं विभिषन्स शांति ती बाचस—"महाराज ए-न निंगन न्याय युक्त सल्हाव चिच्चकचकन, मगर नीन निंगहा ताकत ही घमण्ड नूं अदही मइय्या ध्यान मल चिआ की एंगहा अपमान कमचकय। मगर अक्कू हूं एन बआदन कि—"न्याय निंगहा पक्ष ननू मल्ला अउ ए-न

अन्याय ही पक्ष हूं मल रआ ओंगदन। ए–न एंगहा ताकत भर सहचकन अउ निंगन समझाअना ही कोशिश कमचकन। अक्कू ए–न निंगहाती बिदा होआदन अउ श्रीराम्स गुसन कालादन। कानुम कानुम निंगन फिन बओन कि अक्कू हूं समय रई नीन सोंचआ होआ अउ अन्नू चलरआ।''

ईरु बाचस कि विभिषन्स रावण्स ही सभा ती चोचस की बरचस अउ सीधा समुन्दर पार कमचस की रामचन्द्र सिही छावनी नूं अड़िसियस केरस।

जब बेन्दररविभिषण सिन बच बरना ईरियर खने बहुत घबड़ारर अउ रामचन्द्रस गुसन अड़िसियर। बआ हेल्लरर कि लंका ता बेल रावण्स ही तंगड़िस बरआ लगदस। तहां नमहा मइय्या हमला गा मल कमओस।

राम्स सप्फारिन शांत कमचस। विभिषन्स सिही बारे नूं हनुमान्स ती आस जम्मन अखचस होच्चकाचस। इदगे बेन्दरारिन बाचस नीम शांत रआ। विभिषन्स रावण्स ही तंगड़ी जरूर इकदस, मगर नमहा मित्र इकदस। इस ही आदर ही सांठ स्वागत कमआ।

विभिषन्स सीधा रामचन्द्रस गुसन अड़िसियस आदर ही सांठ असिन ओल लग्गियस अउ बाचस—"श्री रामचन्द्र ए-न लंकाधिराज रावणसिही तंगड़ी विभिषन इकदन। ए-न एंगहा कोंहा इंगड़ा सिन समझअना ही कोशिश कमचकन कि आस अन्याय कम आदस। सीता बोन निंगहा गुसन तइय्योस की न्याय काम कमओस। मगर आस निंदका सभा नूं एंगहा अपमान कमचस अउ लात लवचस ए-न अन्याय ही पक्ष होअना अच्छा समझारकन अउ निंगहा शरन नूं बरचिम बिच्चकन।

राम्स विभिषन सिन गले लगबाचस अउ लछमन अउ सुग्रीव सिन बाचस-ईस नमहा मित्र इकदस अउ लंका ता बेलस इकदस। इसही अक्कन राज्याभिषेक कमना पर्रोओ। ईरु बाचस की तुरुत विभिषन सिही राज्याभिषेक कमचस की लंकेश कमचस चिच्चस। बिभिषन्स गदगद मंजस केरस।

अक्कू सप्फर एकट्ठा मंजर की विचार कमआ हेल्लरर की आघू एन्दरा मनो? लंका नूं एकन्ने लड़ई कमतारओ? समुन्दर बाने पार एकन्ने कमतारओ? रामचन्द्रस बाचस—"एन समुन्दर बोद प्रार्थना कम ओन कि आद नमन लंका गुटिक काला गे डहरे चिअन लघअन, अगर आद मल मनओ होले ए-न अनसन कमकोन होन।" मगर लक्ष्मन्स गेई कत्थद मल जंचचा। आस बाचस—"अनसन ती एन्देर हूं मल मनो। आद मल मनओ होले नीन अगिन बान लवआ की अदिन तेंग्गा चिंआ।" मगर राम्स सप्फारिन समझाआ बुझबआ की आघू समुन्दर बोन बिनती कमनानुम ठीक समझारस।

श्री राम्स समुन्दर ही खंड नू असियस। आस समुन्दर बोन डहरे चिआगे बिनती कमचस। लेकिन समुन्दर एन्देर गे मेनो? आद ओन्टा जकड़ लहरा हिड़िबिया की रामचन्द्रसिन चंयदा चिच्चा। खने रामस बाचस—"ए-न इसन मूंद उल्ला गुटिक अनसन कमओन। मूंद उल्ला गुटिक अगर डहरे मल चिच्चकी होले एक कुछू दूसर उपाय कमओन।" एन्ने बाचस की आस दंभी ही आसन नूं ध्यान लगबाचस की अक्कियस केरस अउ जम्मर सुक्ख से एरालियर। मूंद उल्ला बित्तरा केरा। मगर समुन्दर बोन डहरे मल चिच्चा। खने लक्ष्मन्स बाचस—"भइय्या ई बैरींद एन्ने हूं मल मनओ। बैरी संघे

नरमी ती काम मल चलरोओ। नीन धनुष बान खेक्ख नू धरआ।"

रामस बाचस—"लछमन निंगहा कअना ठीक जान पर्रआ लगी। ओन्दरआ एंगहा धनुष बान चिंआ। अक्कुन ए-न समुद्रस ता सप्फा अन्मन सोखदन हो अदन।" इरू बाचस ही ज्योंहि रामस धनुष नूं बान अरगाचस

कि समुन्दर रत्न सहित रामस ही आधू हाजिर मंजा अउ बाचा—"क्षमा कमआ। एंगहा अम्मन सोंख आये हो ओय होले गा एंगहा भितरी ता सप्फा जिव जन्तुर खिओर कोर निंगन ए-न ओन्टा सल्हाव तेंगादन। नीन एंगहा मइय्या पूल कमआ। निंगहा सेना नूं नल अऊ नील नामें ही दू झन कुशल कारीगीर रअनर। आर बहुत जल्दी पूल कमओर चिओर। जब तक पूल बनाओ, ए-न शांत रओन। अदही ख़ोख़ा निंगहा सेनद आसानी ती पार कट्‌टो को।

पूल कमना शुरू मंजा अउ जब आद बनचा करो खने रामचन्द्रस तंगहा सप्फा संघे रिन बाचस "कि ई जगहद बड़ा पवित्र रई। एंगहा इच्छा रई कि इसन भगवान शंकर सिही ओन्टा मन्दिर कमआ कलो। रामचन्द्र सिही ई बिचार सप्फर गे बहुत परसन बरचा खने ओन्टा बने जगहा ईरियर की रामचन्द्रस ओन्टा मन्दिर कमताचस अउ अन्नू शंकर जीस ही ही मूर्ति ओक्कताचस।

राम लछमन संघेम सप्फर शंकर जी सिन ओल लग्गियर अउ लंका तरा काना ही तैयारी कमचर। सप्फा बेन्दरासेना तमहा तमहा सेनापति सिही अधिनता नू शोर मचबअनुम बने उत्साह ही सांथ पूल बोन पार कमआ हेल्लरा। रामचन्द्र, लछमन, सुग्रीव, विभिषन, अंगद, हनुमान्स आघू आघू केरर। जोक्क लेक्खा नू सप्फा सेना लंका ही हेद्दे अड़िसिया केरा। असन सुबेल परता नूं रामचन्द्र जीस डेरा डारचस।

अध्याय - 16

लंका नू प्रवेश

रावण्स गे पता लग्गिया केरा कि रामचन्द्र सिही सेनद लंका ही हेद्दे बरचा किरकी रई। आस सप्फा सेना अउ असही लड़उर ही समाचार ओन्दरआ गे तगहा गुप्तचर तइय्यस असही अनेक शुक अउ सारण राचर। जइसे ही आस राम्स ही सेना ही भेद होआ अड़िसियस आर चिन्हचर होच्चर अउधरचर कीराम अउ लक्ष्मन्स हेद्दे हाजिर कमतारर। राम्स अरिन अम्बताचस चिच्चस अउ बाचस—"कि सेना नू किन्दरआ की इरिन आपिस अंड़सतआ चिआ।" शुक अउ शारण्स जब आपिस लंका नूं तमहा छावनी नू अड़िसियर अउ आर रामचन्द्र सिही सेना अउ अरही बीरर ही बरनन राबरणसिन मेखताचर खने आस उलटा अरही मइय्या दिम कैरारस केरस।

इदही बीच सुग्रीव्स विभिषन, हनुमान, जामबन्त, अंगद गुट्ठिर पूरा योजना कमचर की लंका गढ़ ही चरियो तरा घेरा डालचर चिच्चर अउ असही चरियो प्रवेश द्वार नूं तंमहा खास खास बेन्दरा यूथ अउ अरही मुखियर रिन चुनचर चिच्चर।

जब सप्फा तैयार मंजा केराखने बिचार मंजा कि लड़ई एकन्ने शुरु कमतारओ। जम्मा मंत्रिर अउ मुखियर सभा नूं मौजूद राचर। असन जामवन्त जो कि सप्फर ती पचगी राचस, बाचस—"एन पचगी मंजकन केरकादन। ताकत गा एंगहा नू बग्गेमल रही किरकी रई। मगर कुछू अनुभव ही कत्था बअना चाहआदन। नाम लड़ई शुरु कमना ही आघू रावण्स हेद्दे नमहा दूत तइबा चाहिए। आस रावणसिन कौस की समझोओस कि अगर आस सींता

बोन आदर ही सांठ किरतोओस चिओस होले गा लड़ई अम्बोत कमआ। एंगहा राय नूं राजकुमार अंगद्स ई काम बोन बहुत अच्छी तरह कमआ ओंगादस।''

जामबन्त सिहीई सल्हाव सप्फर गे बहुत परसन बरचा। जब रामचन्द्रजीस अंगद सिन नंगहा हेद्दे मीखियस अउ सप्फा कत्थन समझअनुम बाचस— ''नीन कला की राक्षस बेल रावण-सिन समझआ कि आस अन्याय अम्बोस चिओस अउ सीता बोन आपिस कमओख चिओस होले नाम आपिस किर्रिंम बिओत।''

अंगद्स रामचन्द्र सिही आशिर्वाद खक्खियस की लंका तरा रवाना मंजस।

अजगो रावण्स सीताजी ही मन नूं इलिचका, अतंक, अउ निराश फैल अना ही उद्देश ती ओन्टा माया रचचस। आस रामचन्द्र सिही चेहरा ती मिलरना जुलुरना ओन्टा चेहरा कमताचस अउ अशोक बगीचा नू सीताजी ही हेद्दे कमताचस चिच्चस। जोक्क लेक्खा ख़ोख़ा रावण्स बगीचा नूं बड़े अभिमान ही साथ अड़िसियस अउ सीताजी बोन बआ हेल्लरस—''सीता ईरकी लड़ई नू राम्स पिटतारस केरस। ईद रहचा अस ही कुक्क।'' सीतद आघू गा कुक्कन ईरिया की अकबक्करा केरा अउ तहां आद करुण ढंग ती बिलाप कमआ हेल्लरा—''हे राम अक्कू एंगहा एंदेर गति मनो। ई बैरीराक्षस एंगहा काम तमाम कम ओस चिओस। अगर ईद सच्च इके होले एन हूं जल्दी निंगहा हेद्दे धरआ लगेन। बिना निंगहा एन उज्जना पोल्लोन रआ।''

खनेम ओन्टा राक्षस सैनिक्स बुंगनुम बरचस अउ बाचस—''रामचन्द्र सिही सेना ता आघू ता बेसेम ओरोत कोहम बेन्दरा बरचकादस। दुरुग ता पहरादार रिन जबर्जस्ती टाड़चस की आस नंगर नूं कोरचस बरचकादस अउ निगहा संघे मिलिरना चाहआदस।

सीताजी बोन आच हालत नूं अम्बियस की राबण्स किर्रिंम बिच्चस। अदही ख़ोख़ा त्रिजटा राक्षसी बोद सीता बोन समझाचा कि ईद गा रावण सिही माया इको। अक्कू न लड़ई शुरु मल्ला मंजका रामस एकन्ने लबरस?

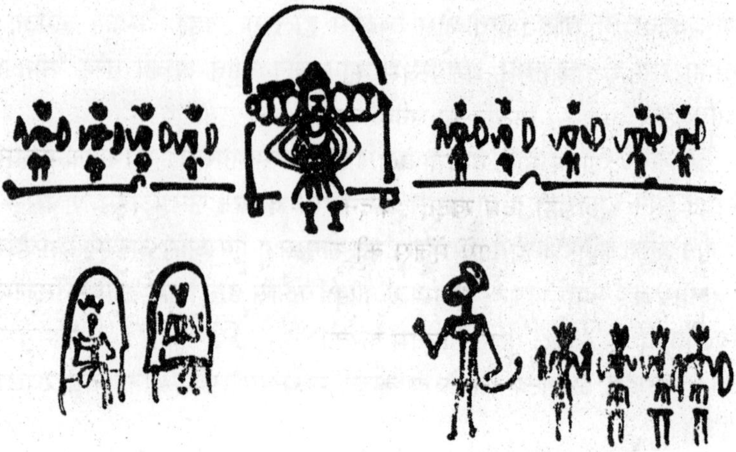

अक्कुन गा रामचन्द्र सिही सेना ता ओरोत दूत्स रावण्स संघे मिलरआ बरचका दस। नीन शांत मनय कलय अउ संसो अमय कम अय।

रावण्स तंगहा राज सभा नू अड़िसियस। असन मंत्रिर दरबारिर तथा तंगड़ी नगर उक्काचर। रावणसिही आज्ञा तीरामदूत अंगद सिन सभा नू ओन्दोरतारा। असिन ईरियस की रावण्स मेंजस—"हेबेन्दरा नीन एका औरतय इकदय?"

अंगद्स तुरूत उत्तर चिच्चस—"ए-न महाराज राम सिही दूत इकदन। एंबस ही अउ निंगहा मित्रता राचा। इदही कारन एन सोंचोचकन कि एन आ नाता ती निंगहा गुसन निंगहा हित ही एन्द्रा कत्था कमओन अउ रामचन्द्र सिही संदेश हूं निमहा गुसन अड़सतआ ओंगोन। नीम उत्तम कुल तरह ईकदर। विद्वान इकद। बड़ी तपस्या ती अउ पराक्रम ती नीम ई राजबोन खक्खिकादर। मगर निंगहा खेक्ख ओन्टा अनुचित काम मंजा किरकी रई। श्रीराम सिही मुक्का सीता जी बोन नीन धोखा चिच्चकय की हरचकय ओन्दरकादय। रामचन्द्रजीस बहुत दुखी मंजस अउ कैरारकादस। मगर आस एंगन एन्ने बआ तइकादस कि अगर नीन निंगहा करनी नूं पछतावा परगट कमओय अउ सीता जी बोन आदर पूर्वक आपिस कमओय चिओय होले आस लंकन अ

बोस की किर्रिंमबिओस।''

अंगद सिही कत्थन मेंजस की दशानन रावण्स बाचस—''नीन एका ओर्तय इकदय? कत्थन गा बनेम बढ़ चढ़ के कमआदय।''

''दशानन नीन बेन्दरा बेल महाराज बाली सिही नामे गा मेंजकादय मनो। एन असही दिम खद्द इकदन। अंगद एंगहा नामे इके।''

''बाली सिही नामें मेंजस की रावण्स कैरारस केरस। काबर कि बहुत आघू बालिस ही अउ राबण्स ही लड़ई मंजकीचा। अन्नू बालिस राबणसित धरचस की तंगहा गुसन होच्चस केरकाचस अउ छै महिना बंदी कमचस की उइकाचस। अंगद्स आ घड़ी खद्द राचस, आस असिन अड़बड़ छैड़आ लघियस।

तभू ले बिगर कुछु परकार ही घबराहट एदका आस बाचस ''अरे अंगद इदिन तेंगा कि निंगहा मालिक रामसिही सेना नूं एन्ने कोहां वीरने ने रअनर, जो कि एंगहा संघे लड़ई कमआ ओंगोर। एंगा गा नेथा हूं एन्ने मल एथेरनर। नीन अउ सुग्रीव्स ता खाड़ ही खंड़ ता मन्न बेसे इकदर। विभिषन्स डरपोकनस इकदस। जामवन्तस पचगीस इकदस। नल नील्स गा राज इकनर। आर लड़नन एंदेर अखओर। हां ओरोत बीर बेन्दरा राचस, जो कि इय्या बरचकाचस अउ एंगहा अशोक बगीचन उझड़ाचस की अउ नगर बोन ओलताचस की किर्रिम बिंच्चकाचस।''

अंगद्स बाचस—''नीन नेकन बलख रहा समझारका दय आस गा महाराज सुग्रीव सिही ममूली सेवक इकदस। अगर निंगा परीक्षा दिम हो अना रई होले नीन या निमहा इय्या ता निकइम बलवानर एंगहा ई खेड्डन ती उठबअन चिअन।''

ईरू बाचस की अंगद्स सभा नूं तंगहा तीना खेड्डन जमबाचस चिच्चस। रावण्स गे ताव बरचा केरा। आस तंगहा बीर रिन बाचस—''एरा एंदरा लगदर। खेड्डन धरआ कि ई बेन्दरा बोन उठ बआ कि सभा ती बहरी हेड़बा चिआ।''

ओरोत ओरोत करके बीरर चोचर अउ अंगद सिही खेड्डन हटबआ हेल्लरर। मगर हटबअनद गा गेच्छा आस नेंखा ती नुक्करस हूं माला। इदिन

ईरियस की रावण्स गे कैर बरचा केरा। आस खुद तंगहा सिंहासन ती चोचस अउ अंगद सिही खेड्ड कप्पा केरस। ईरू नूं अंगद्स तंगहा खेड्डन हटबाचस होच्चस अउ ब्यंग नू बाचस—"महाराज एंगहा खेड्ड धरआ की क्षमा नीचका ती काम मल चलरोओ निंगागेगा श्रीरामचन्द्र सिही हेद्दे काला की निंगहा गलती ही क्षमा निअना चाहिए अउ सीता बोन किरतअना चिअना चाहिए।"

ईरू बाचस कि अंगद्स तुरुत सभा एड़पा ती उरखस की रामचन्द्र सिही छावनी नूं बरचस केरस। रावण्स कैरारनुम तंगहा महल नू केरस। असन असही मुक्का मंदोदरी गे अंगद सिही खबर अड़िसिया किरकीचा। आद रावणसिही खेड्ड धरचा होच्चा अउ समझआ हेल्लरा कि नीन आघूगा बनेम नीतिबान राचकय, विद्वान राचकय। अक्कू ई अन्याय एंदेर गे कमआ दय? सीता बोन राम्स हेद्दे अंड़सत आ चिआ अउ असही संघे समझोता कमआ होआ। मगर रावण्स मइय्या अद ही कत्था ही कुछू असर मल मंजा। आस मंदोदरी बोन किसी परकार समझअना ही कोशिश कमचस अउ तहां खंदरआ किर्रिम बिंच्चस।

अध्याय – 17

लड़ई ही शुरु

अंगद्स किर्रियस की रामचन्द्र सिन रावण्स संघे मंजका तंगहा कत्था उट्ठिन ही हाल मेंताचस। अदही ख़ोख़ा श्रीरामसिही सेना ता सप्फा प्रमुख बीरर लड़ई ही तैयारी कमआ हेल्लरर। नेथा एका मोर्चा बोन सम्हलो ओर ई योजना बनआ हेल्लरा बुद्धमान जामवन्त कुशल नल नील, उत्साही अंगद, परतापी सुग्रीव चतुरा विभीषन, तथा सदा तत्पर रऊ हनुमान गुट्ठीर विचार कमचर की तंमहा सेनन चार भाग नूं खट्टरर होच्चर अउ लंका गढ़ बोन चरियो तरा घेरना होअना ही योजना कमचर। सप्फा बेन्दरर रामचन्द्र अउ लछमनसिन ओल लागियर की बेन्दरा बेल सुग्रीव सिही आज्ञा होच्चर की लंका घेरआ गे दंउड़ाचर।

नेथा कोंहम पथरन उठबाचर की चल्लरर खने नेथा कोंहम मन्नन चड्डर एन्ने परकार एन्देरद नेखा खेक्ख नू पड़ारा होच्चर की रवाना मंजर केरर।

जब घेरा ही व्यवस्था ठीक जमचा केरा खने राम लछमन विभिषन, सुग्रीव अउ हनुमान्स सुबेल परता नूं अरिगियर की लंका ता घेरा ही दृश्य एरा हेल्लरर। परता मइय्या ती लंका ही भितरी ता हूं सप्फा चीज एथरआ लघिया।

अजगो रावण्स हूं ईरियस कि बेन्दरर लंकागढ़ बोन चरियो तरती घेरचर होच्चकानर। खने आस हूं तंगहा वीरराक्षसरिन एकट्ठा कमचस। अउ तंगहा इन्द्रचीज–मेघनाद सिही सेना–पतित्व नूं सेना बोन चार हिस्सा नूं खट्टियस की चरियो मुख्य द्वार ही रक्षा कमआ अउ बेन्दरारिन धरआ की पिटना चिअना ही आदेश चिच्चस।

एन्नेम बेसे दुनू तरा सेनर ही लंका ता किला ही बहरी अउ भितरी ती तमहा तंमहा मोरचा नूं बरचा जमचा राक्षस ही करिया शरील कोंहा चेहरा अरही बिबिध आयुध अउ भुरवा पिंवरा बेन्दरा, करिया भालू गुट्ठिरिन एरा की एन्ने लग्गा हेल्लरा कि मन आ अकाश नू करिया पिंयर बेदाली उमडारआ लगी। राक्षसर ही शस्त्र एन्ने चमकारआलिया जइसे बेदाली नू बिजली चमकारई। राक्षस अउ बेन्दरर ही हांव हांव बेदाली गरजारना बेसे मालूम मना लिया। राक्षस महाराज रावण अउ बेन्दरर ही श्रीरामचन्द्र जीस ही जय ही नारा लगबअलियर बीरर अरही दुहई चिआलियर।

ई हल्लन मेंजर की लंका नूं हाहाकार मचचा केरा। जोक्क आलर इलिचका ही मारे इजगो अजगो बोंगा हेल्लरर, जोक्कर रावण सिन के बरआ हेल्लरर कि ईस बेकार दिम तंगहा कुक्क नूं आफत बोन खीदियस। रावण्स ई स्थितिन ईरियस की राक्षसर रिन बाचर कि आर बेन्दरर मइय्या हमला कमअन चिअन अउ दुनू नूं घोर लड़ई छेड़स केरा। रावण खुद लड़ई ही संचालन कमआलियस। आस आदेश चिच्चस, "कि एका राक्षस मेंद एद ओर की बोंगोर असही मुक्कन आस खुद उड़बोओस चिओस।"

रावण्स सिही सेना नूं एका दल नूं कमजोरी या शिथिलता एथरआ लघिया अइय्या हनुमान अंगद, सुग्रीव्स तंगहा गदा होआ की अड़सनर कानर हारउ रिन हिम्मत बंधबअनर अउ राक्षस रिन लवताच बोंगत अनर। खनेम हुनमान्स निकइम राक्षस बीरर संघे जुझरआ लघियस खने कभू सुग्रीव्स निकइम संघे लड़ई कमआ हेलेरदस इदही ती बेन्दरर ही सेना नूं बराबर उत्साह बलचकीन राचा।

ई लड़ई ही मजही नू एथरा की ओन तरा बड़ जोर से कुहड़ा उड़ियारआ लगी अउ असन एंदेरा हूं मल ईथरिई। बेंदरर बोंगा लगनर हनुमान अउ अंगद्स तुरुत अजगो अड़िसियर। अरगे किर्रना नू बीड़ी मंजा खने राचन्द्रजीस चिंतित मंजस। आस तंगहा धनुष नू एन्ने बान अरगाचस की आ दिशा तरम लवचस कि अदिही ती चरियो तरा खूब परकाश मंजा केरा। अउ कुहड़ा अउ अंधियार बोगायब मंजा केरा। आद राक्षसर ही माया राचा जो कि बेन्दरर ही

हिंम्मत एस आ अउ अन्नू गड़बड़ी पैदा कमआ गे कमतारकीचा। हनुमान अउ अंगद्स हूं आ दल नूं विजयी मंजर की किर्रिंयर। माखा मना हेल्लरकीचा। अत: लछमन सिही आज्ञा ती सप्फा बेन्दर जूथर घेरा जोदचर की तंमहा तंमहा जगहा नू किरिंयर बरचर। रामचन्द्र जीस आ सप्फारिन प्रेम निदका निगाह ती ईरियस अउ अलिखियस की उत्साह ही मीठा बचन बाचस। बेन्दरर तमहा दुख दर्दा बोन भुल्लरर केरर अउ स्वस्थ्य मंजर केरर।

अजगो रावण्स ईरियस कि इन्ना ता लड़ई नू असही आधा सेनर काम बरचर केरकाचर। आस तंगा मंत्रीरिन एकट्ठा कमचस अउ बिचार कमआ हेल्लरस कि आघू उल्ला ता लड़ई ही योजना एकन्ने कमतारओ जेमा कि बिजय खखरोओ।

माल्यवान रावण्स ही पचगी मंत्री राचस। आस रावण-सिन समझाचस कि एका बेन्दरा रिन नीम तुच्छ समझारदर अरिम निमहा आधा सेनन मुन्नियर कमचर चिच्चर। इन्नू नीम वाचर कमआ। निंगहा हठ नू राक्षसर ही बेकार जान अमा गबबआ। इन्नू रावण्स बनेम कैरराररस।

आस बाचस—"माल्यवान नीन पचगी मंजकय केरकादय। इदही खियाल कमआ की अम्बा चिआदन मल होले इसानुम गर्दन एत्तो ओन की उइय्योन चिओन तइके। एन एन्ने कत्था मिनू आल मल्दन? निंगहा कुशल चाह आदय होले अक्कुच नुम एंगहा इय्या ती उरखा कला।"

माल्यवान तंहा मन नूं रावण सिन कैरारनुम किर्रिम बिच्चस। खने रावण सिही बीरखद्द मेघनाद आस इंद्रसिन जितचस होच्चकाचस अउ अदही कारन आस इंद्रजीत हूं बातार काचस। रावण्स हेद्दे बरचस अउ बाचस—"बा नीन निश्चित रआ। एनजादा कुछू मल बअदन। चेरो ता एंगहा पराक्रम नीन खुद एरेस। अक्कू नीन अराम कमआ अउ काल ही सप्फा व्यवस्था एंगहा मइय्या अम्बाचिआ।"

रावण्स तंगदा सिन छाती ती लगबाचस अउ आर्शिर्वाद चिच्चस की बाचस—"बेटा ई दू झन तपस्वी रिन अनुई नीच बेन्दरा रिन जब तक एंगहा खन्न ती नष्ट मंजका मल एरोन एंगा चैन मल पर्रोंओ।"

अध्याय – 18

नागपास ती मुक्ति

पइरी मन्ना सांठ दूनू तरता सेनर तमहा बीर सेना मुखियर ही नेतृत्व नू मोर्चा नूं बरचर डट्टरर। मेघनाथ्स बरना सांठ बेन्दरा सेनर मइयूष जोर से हमला कमचस। एगजगो आस कादस अजगो हाहाकार मनी कई। सप्फा बेन्दरा भालू लंगूर गुटठीर बोंगा हेल्लरर। हनुमान, अंगद, सुग्रीव नेखा हूं रोकोचका नूं आस मल रोक्करम। खने विभीषन्स मेघनाथ सिही आघू बरचस जेकिन आम हूं मेघनाथ ती हार मोक्खस की किर्रियस बरचस। जब रामचन्द्र जीस ईरियस कि सप्फा सेना नू हाहाकार मचचा किरकी रई खने आस लछमनसिन मेघनाथ सिही सामना कमआगे तइय्यस। लछमन्स कैरारस की तुरूत मेघनाथ अउ असही सेना मइय्या टूट पर्रस। लछमन सिही हमला तीक्फिन बेन्दरर नू जोश बरचा केरा। आर हूं एकट्ठा मंजर की राक्षसर मइय्या टूट पर्रर। लछमन अउ मेघनाथ्स बरावर बलखरहा राचर। आ दुनूझर ही लड़ाई ईरनुम बनआलिया ओरतोस ही बार दूसराई कुशलता ती बछबआलिया कि सेना ता दुसर राक्षस अउ बेन्दरर आपस नु लड़ना अम्बा की आ दुनू झन ही रण कौशल एरा हेलर आलियर। कभु धनुष बान ती, कभू ढाल तब्बल तो, कभू तिरछुल तीखने कभू मुटकाती अरही नू लड़ई मना हेल्लरा। बड़ घड़ी गुटिक लड़ई चल्लरा। लछमन सिन बड़ घड़ी लड़ना ईरियस की राम्स हूं असतेक ती बरचस केरस। आस हूं मेघनाथ्स मइय्या बान ती हमला कमचस चिच्चस। दुनू भइर ती मंजका हमला बोन मेघनाथ्स रोकआ पोल्लस। असगे तंगहा हार मन्ना एथरा। तम्बा रावण सिन हारचकू नू एदेर मुख एद ओस एन्ने सोचचस ही

असही गुस्ता इंद्रसिही चिच्चका टिन्डी राचा, अदही आखिरी समय नू उपयोग कमचस। अदही उपयोग ती एन्ने नेर्र आकार ही बान उरखा जेमा कि राम अउ लछमन दुनूझर ही शरील हीररा केरा अउ आर काला बरना तक गे बिना ताकत ही मंजर केरर भलुक अचेत हूं मंजर केरर।

टिन्डी ही उपयोग कमचस कि मेघनाथ्स गर्जना अउ तंगहा विजय नूं अट्टहास कमनुम लंका अड़िसियस केरस। राम अउ लछमन सिही मुर्छित मंजका ती हनुमान अंगद विभिषन सुग्रीवस खोजयिर मंजर। अरही समझ नूं मल बरआलिबा कि एकन्ने कमतारओ कालो। बेन्दरर मार इलिचका ही इजगो-अजगा नूखरआ हेल्लरर। सप्फा सेना नूं शोक छाहचा केरा। रामलछमन सिन मुर्छित ईरियर की सप्फर बिहाल मंजर केरर।

मेघनाथ्स केरस की तंगहा बीरता ही तथाराम लछमन सिही लड़ई नूं घायल मंजा अउ नागपाश नूं हीररका ही समाचार जब रावणसिन सुनबाचस खने आस खुशी ती आनन्द मंजस। आस तंगदा मेघनाथ सिन छाती लगबाचस अउ लंका नूंतिहार मनबअना ही आदेश चिच्चस।

दूसर उल्ला गरुड़ बरचा अउ आद आघू श्रीराम सिही बान बोन ओत्थरा की नागपास यी मुक्ती कमचा। नागपास ती मुक्ति मन्ना सठ श्री राम्स बने बिचार कमआ हेल्लरस, लेकिन जइसे ही असही निंगाह घायल अउ बेहोश लछमनस मइय्या पर्रा, आस एकदम बिव्हल मंजस केरस अउ विलाप कम आ हेल्लरस विभीषन सुग्रीव हनुमान गुट्ठिर असिन समझआ हेल्लर।

गरुण्स श्री राम सिन ओल लागीयस अउ जोक्क लेक्खा नू लछमनसिन हूं नागपास ती मुक्ति कमचा चिच्चा। लछमन सिन स्वस्थ्य मंजा ईरियस की राम्स प्रसन्न मन्जस। आस गरुड़सिन बाचस—"हे मित्र एन निमहा ए बग्गे उपकार मनओन? ई मुसकिल ही बेला नूं नीम एंमहा रक्षा कमचकाय।"

गरुण्स बाचस—"भगवान ईदगा एंगहा कर्तव्य राचा। नीम इदही कुछुच बिचार अमा कमआ।" ईरू बाचस की गरुण्स रामचन्द्रसिन ओल लगियस अउ बिदा मंजस केरस।

राम लछमन सिही बने मन्ना सांठ सप्फा बेन्दरर सेना नुं फिन उमंग

अउ उल्लास ही लहरा दउड़ाचा केरा। आर अगला हमला ही बनेम तैयारी कमआ हेल्लरर।

जब रावण्स गे पता चल्लरा की राम लक्ष्मन्स नाग पास ती मुक्ती मंजर केरकानर खने ओरोत करके तंगहा प्रसिद्ध वीर घूमाक्ष, बज्रदंष्ट, अंकपन, द्रहस्त सिन लड़ई अड्डा नूं तइय्यस। अन्नू इन्ना ता लड़ई नूं ई सफ्फा वीर राक्षस हनुमान अंगद, सुग्रीव, नल-नील-गुट्ठीर ही खेक्खा पिटतारर।

रावण्स गे जब ई प्रमुख लड़उर ही पिटतारका ही हाल मालूम मंजा खने आस खुद खेक्ख नूं धनुषबान अउ गदा होच्चस की लड़ई अड्ड़ा नू बरचस। बेन्दरर गा राक्षस सेनर ही इरू बीरर हीपिटतारका ही खुशी मनबअना नूं लगिकाचर। अरगे रावण्स ही लड़ई नूं बरना काना हीपता मल चल्लरा।

रावण्स ही आघू नूं आघू सुग्रीव्स पर्रस असही मइय्या आस तंगहा गदा ती लवचस। सुग्रीव्स गे अदही ती चक्कर बरचा केरा। असिन आस अम्बियस की आघू बड्ढरस खने हनुमान्स आबू नू बरचस केरस। हनुमान्स ओन्टा कोहम परतन रावण्स मइय्या लवचस मगर राबणसिन लग्गिया कीचूर चूर मंजा केरा। रावण्स हनुमान्स मइय्या गदा ती प्रहार कमचस। अदही ती असगे जोक्क लेक्खा गे चक्कर बरचा केरा। रावण्स ही हौसला इदही ती अउ बड्ढरा केरा आस ललकारनुम बेन्दरर ही सेना नूं अउ आघू बढ़रनुम किरिंम बिच्चस। जोक्क गेच्छा नूं राम लक्ष्मन्स संघे असही सामना मंजा केरा दुनू भईर बान ती असही मइय्या एन्ने हमला कमचर कि असही आघू बढरना रुक्करा केरा। अउ आस तंगन बछबअना ही कोशिश कमआ हेल्लरस। ईरू नूं बेन्दरा बीरर गे तमन एकट्ठा कमना अउ अस्त्र-सस्त्र सकलआ कीरावण्स मइय्या हमला कमना ही समय खक्खरा केरा। राम लक्ष्मण सिही प्रहार ती आस काफी घायल मंजस केरस अउ बेन्दरर ही ओंघोल कुना लड़ई ती आस बिचलित मंजस केरस। आस एकदम आकाशनूं उड़ियारस केरस अउ आस माया लड़ई शुरु कमचस चिच्चस। आस एन्ने बान लवचस कि आलर ही बुद्धी चक्कर नूं पर्रा केरा। लड़ई अड्डा नूं के बग्गे राम लछमन अउ हनुमान, सुग्रीव अंगद विभिषन गुट्ठीर एथरआ हेल्लरर। राक्षसर गा असन नेथा हूं

मल एथर आलियर। तंगहा ई माया बोन फैलाचस की रावण्स लंका नूं किर्रिंम बिच्चस।

इजगो रामचन्द्रजीस ईरियस कि रावण्स ही ई माया ती बेन्दरर बहुत परेशान रअनर। खने आस ओन्टा बान लवचस की सप्फा माया हरचस होच्चस। खने असन राम, लछमन, हनुमान, अंगद विभिषन, सुग्रीव जामंवन्तस ओरोत ओरोत दिम एथरआ हेल्लरर। राक्षसर गा सप्फर रावण्स ही संघे लंका किर्रिंम दिम बिच्चकाचर। राम लक्ष्मन्स सप्फारिन लड़ई बन्द कमआ अउ अराम कमआ गे बाचस अउ तंमहा डेरा नूं किर्रिंम बिच्चर।

अध्याय – 19

कुंभकरण सिही लड़ई

कुंभभकरन्स रावण्स ही सन्नी तंगड़ी राचस। अकार ए डील डोल नू आस परता बेसे लग्गालियस। असही अकार एन्ने भयंकर राचा कि अगर आस कालत रअदस खने दुनिया हीतबाही मनी कल। अब तीनो भइर तप कमचर की ब्रह्मा जीसिन प्रसन्न कमचर अउ आर इरिन बरदान निआगे बाचस खने रावण्स तंगन महाबली समझारस की एन्ने बरदान नोंचस की बेन्दरा तथा

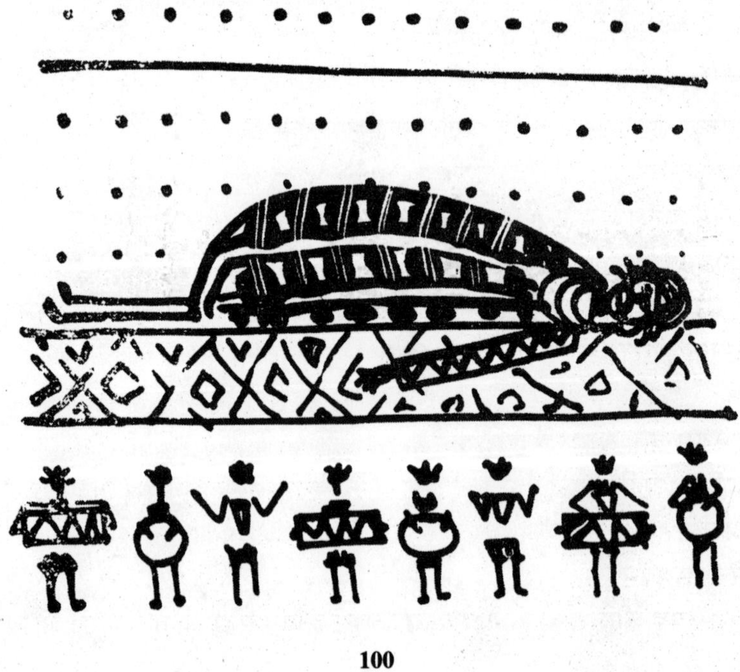

आलर ही छोड़ आसनेखा ती हूं मल खिओस। जब कुंभकरन्स ही पारी बरचा खने ब्रह्माजीस सोंचचस की अगर ई राक्षस जगअत रओस होले संसार बोद तबाह मनों को। ई बग्गे मन्डी इसगे जुटरोओ एसतेक। मगर आस प्रसन्न मंजस केरकाचस अउ बरदान निआगे बाचस चिच्चकाचस। खने आस सरसतीन बाचस कि—"नील कुंभ-करन्स ही ततखा नू एन्ने रअके कि निअना लेक्खा अस ही जुबान लड़खड़रोओ कलो। ईसइन्द्रासन निंअना चाहआ लगदस एन्देरा निओस एंगा चिअना पर्रो ओ। इदगे ध्यान उइयके अजगो कुंभकरन् स इन्द्रासन निअना ही विचार कमचकाचस।" खने ब्रह्माजोस बाचस—"कुंभकरन, वरदान निआ। एन प्रसन्न रअदन।"

कुंभकरनस ब्रम्हासिन ओल लग्गियस अउ बरदान निआगे चलखस खने असही जुबान ती उरखा-

"ब्रह्मा देव, नीन प्रसन्न रअदय होले एंगा निंद्रासन चिआ।"

"ब्रम्हस तुरत एन्नेम मनो" बाचस अउ उड़ियारस केरस।

कुंभकरन्स गे जब ध्यान बरचा अउ पता चल्लरा कि असगे गा इंद्रासन ही बलदा निंद्रासन खखर की रई। खने आस पसतारआ हेल्लरस। लेकिन अक्कू पसतारकू नू एन्देरा मनो। निंन्द्रासन खक्खिका तो असगे निन्द बरआ हेल्लरा कि आस छै महिना गुटिंक लगातार खन्दरअत रओस असिन एजआगे बनेम हल्ला कमना पडारअन। ढोल नगारा सड़तारई राक्षसर हल्ला कमनर। असिन बनेम नुकनर खने असही निन्द खुलरिई।

निन्द खुलुरका ती असगे कीड़ा लग्गी। अतः एजना ही आघू असगे अनेक परकार ही कुड़हा के कुड़हा मंडी एकट्ठा कमतारई।

इड़ई ती किर्रियस की रावण्स तंगहा एड़पा नू बरचस। इन्ना ता लड़ाई ईरियस की आस विचारचस कि भई कुंभकरन सिन एजना सिन एजना चाहिए। आसिम एन्ने एकदस जो कि सप्फा बेन्दरा अउ तपस्वीर संघे निपटारआ ओंगोस। एन्ने सोंचचस कि कुंभकरन सिन एजआ गे मंत्री अउ राक्षस वीर रिन तइय्यस।

बड़ कौशिश ती कुंभकरण्स एजतारस अर्सिंन मंडी ओन्तारा केरा। ओन्ना

मोखना चुकुरका ख़ोख़ा आस मन्त्री रिन मेंजस कि एन्देर कत्था इके। सप्फर तिंगियर कि एकन्ने परकार रावण्स रामसिही मुक्का सीता ही हरन कमचस ओन्दरस बिच्चस अउ जब रावण अउ राम सी लड़ई छिंडरकी रई। रावण्स सभा नूं उक्का दस। आसिम निंगन याद कमचकादस।

कुंभकरन्स रावण्स ही सभा नू केरस। सप्फा सफेद चोचा की असही आदर कमचा। सप्फर ही उक्क कू किरकी नूं कुंभकरन्स मेंजस—"भाईसाहेब, एन्देर आज्ञा रई? नीम कर्टिक परेशान एथरआदर!"

रावण्स सब समचार तिंगियस अउ बाचस—"कि एन्ना निंगा लड़ई कम आ काला गे रई।"

कुंभकरन्स बाचस—'भाई साहेब-कत्था कटिक बड़बड़ मजा केरा। ई सप्फा मंजका ही आघू नीन एंगन एजेचका की तिंका चिच्चका होले एन सप्फन ठीक अमओन चिओन तइके अउ ई प्रसंग बरअन दिम मल चिओन तइके। वास्तव नू ईद अन्याय दिम मंजकीरई। मगर जब कत्था इरू बग्गे बड्ढरा किरकी रई, खने ख़ोख़ा मल किर्रना चाहिए। एन लड़ई नूं कालादन। नीन निश्चिंत रआ।'

ईरू बाचस की कुंभकरन्स लड़आ किर्रिम बिच्चस। रावण्स असही संघे चुनचका वीरर हीसेना कमचस चिच्चस। लड़ई जगहा नू बरना सांठ

कुंभकरन सिही पहिलो झड़प हनुमान्स संघे मंजा केरा। अनुमान्स असही मइय्या पथरा ही बौछार कमचस। ईदिन ईरियस की कुंभकरन्स हनुमान सिन धरचस चिच्चस। कुंभकरन सिही बरदान ती हनुमान्स खेखेल नूं खत्तरस केरस। इदिन इरियस की सुग्रीब्स, जो कि हेद्दे नूं इज्जकाचस, कुंभकरन्स तरा झपटारस, अउ आस ओन्टा कोहम परतन कुंभकरन्स मइय्या हड़िबियस। इदही ख़ोख़ा ओन्टा अउ परतनधरचस की कुंभकरन्स ही ऐंख नूं लवचस। एन्नेम परकार कुंभकरन्स शूल ती सुग्रीव्स मइय्या प्रहार कमचस। आरु लेक्खा हनुमान्स ढेगचस की शूल बोन धरचस होच्चस। अउ अदिन माड़ी ही बल ती एस्सस चिच्चस। इदिन ईरियर की बेन्दरर बनेम प्रसन्न मंजर, अउ हनुमान सिही जै-जैकार कमआ हेल्लरर। इदही ती कुंभकरन्स गे बनेम कैर बरचा। आस ओन्टा कोहम पथरन चोदचस की सुग्रीव सिन लवचस चिच्चस। अदही ती सुग्रीव्स मुर्छित मंजस की खत्तरस केरस। ईदिन ईरियर कीराक्षस सेनद बनेम आनन्द मंजा। कुंभकरन्स सुग्रीव-सिन चोदचस की लंका तरा होच्चस। सब सुग्रीव्स गे चेत बरचा खने आस तंगहा ओरोख ती असही खेबदा मुई बोन चिंगियस चिच्चस, अउ ढेगचस की असही धरचका ती अम्बरस बरचस। कुंभकरन्स ही देहद लहुलुहान मंजा केरा। ईरु लड़ई कमचका नू असगे बड़ कीड़ा लग्गिया। मगर असन ओनागे एन्दरा राचा खने आस बेन्दरा अउ भालू रिन धरच धरज मोखा हेल्लरस। जोक्कारिन मोक्खस की आस बाचस—

"लछमन नीन गा अक्कुन खद्द रअदय। एन निंगहा संघे एंदेर लड़ओन। राम्स एसन रअदस। तंगा एन असिनएन-दू दी हाथ कमना चाहआदन।"

इदिन मेंजस की लक्ष्मन्स अलिखियस की बाचस—"निंगहा पराक्रम गा अक्कुन एन ईरकन होच्चकादन। सुग्रीव सिन निंगन परेशान कमचस चिच्चकादस। मगर रामचन्द्र संघे नीन लड़ना चाहआदय होले आस अक्कुच नुम इसन बरआ का दस।"

लछमन अउ कुंभकरन नूं संवाद मनय लघिया कि श्रीराम्स अजगोबरचस केरस। रामचन्द्र सिन एरना सांठ ललकारस की कुंभकरन्स असही मइय्या हमला कमचस चिच्चस। रामचन्द्र जीस उनिम संघे सात तीखा बान लवचस।

कुंभकरन्स इदही ती विचलित मंजस केरस। आस ओन्टा कोहम परतन चोदचस की श्रीराम्स मइय्या लवचस चिच्चस। श्रीराम्स ईरियस की असही संघे खेलवारी कमचकू नूं लाभ मल्ला। अतः आस कुंभकरन्स सिही तीना खेक्खन खंडियस चिच्चस। इदही ती कुंभकरन्स ओन्टाखेक्ख तिम ताल ही लम्बा मन्त्र चड्डस होच्चस अउ अदिन होच्चस। कि रामचन्द्रस मइय्या लड़ई कमचस चिच्चस। राम्स असही दुसर मुंजन हूं खंडियस चिच्चस। अरही ती कुंभकरन्स गर्जना कमनुम श्रीराम्स मइय्या टूट पर्रस। खने रामचन्द्रजीस असही दूनू खेड्डन खंडियस चिच्चस। एतको नू आ दुष्ट राक्षस श्रीरामसिन मोंखा गे लपकारस। अब श्रीराम्स असही बइय्यन बान ती निंदस चिच्चस अउ असही कुक्कन ख़ंडियस चिच्चस। इदिन ईरियर की सप्फा बेन्दरा सेना तू खुसी हीलहरा दंउड़ा केरा। आ सप्फर श्रीराम्स ही लड़ई कौशल ही बड़ई कमआ हेल्लरर। राक्षसर गाइलिचका ही मारे बोंगर केरर।

अध्याय – 20

मेघनाद्स ही केच्चका

कुंभकरन्स ही केच्चका ही समाचार जइसे ही रावण्स मेंजस आस शोक ती मूर्छित मंजस केरस। सारी लंका नूं शोक छाहचा केरा। कुंभकरन्स अद्वितीय लड़उ मनतार आलियस। जब जोक्क लेक्खा ख़ोख़ा रावण्स ही मुर्छा भंग मंजा खने आस सल्हाव कमआ हेल्लरस कि अक्कू आघू लड़ई ही मोर्चा एकन्ने मनो। असही मन नूं ई इलिचका एड़पा कमचा होच्चा कि ई दुनू तपस्वी रसधारन आलर मल्नर। मगर असही घमंड असही डहरे नूं बाधक मना लिया। आस तंगहा चार झन खद्द नरांतक, त्रिशिंरा, अत्तिकाय अउ महोदर सिन रण अड्डा तरा तइय्यस। चरियो भईर तंबस सिन विजय ही आश्वासन चिच्चर की लड़ई अड्डा तरा केरर।

लड़ई अड्डा नूं अड़सना साठ चरियो बीरर अउ अरही राक्षस सैनिक बेन्दरा झुन्ड अउ अरही मुखियर संघे भिड्डरर केरर। धमासान लड़ई मनत राचा। आखिर नूं अंगद सिही प्रहार ती नरांतक पिंटतारस। अदही खबर मेंजर कि तीनो भइर अंगद्स मइय्या टूट पर्रर। अंगद सिन राक्षसर ती धेरेरका ईरियस की हनुमान्स तंगहा बेंदरा रिन होंच्चस की अंगद्स ही रक्षा गे अड़िसियस केरस। इदिन ईरियस की त्रिशिरस तंगहा तिरछुल हिड़िबियस की हनुमान्स ही छाती नूं लवचस, लेकिन हनुमान्स बार बछवाचस होच्चस। खने त्रिशिरस हनुमान्स मइय्या तब्बल होच्चस की लपकारस, लेकिन हनुमान्स त्रिशिरा सिन अरिबियस अउ असही दिम तब्बल ती असही दिम खेक्खरन खंडियस चिच्चस।

त्रिशिरा सी केच्चका ती अतिंकायस गे बनेम कैर बरचा। आस बेन्दरर मइय्या चरियो तरतीहमला, कमचस। असही आक्रमण ही बेन्दरर घबरारर केरर अउ रामचन्द्रजीस गुसन बुंगनुम बुंगनुम केरर। बाचर "ईसगा मेघनाद्स बेसे पराक्रमी राक्षस बरचकादस। इसही ती नीमिम बछबआ। श्रीराम्स अतिकाय सिही बारे नूं विभिषन सिन मेंजस खने आस तिंगियस की आस रावण्स हीमहा बलखरहा खद्दस इकदस। इसगे ब्रह्मस बरदान नूं रथ अउ कवच चिच्चकादस। अदही कारन ईस अजेय मला लगदस।

ई कत्थागुट्ठी मनम लघिया कि अतिकाय्स रामचन्द्र सिही हेद्दे बरचस अउ असिन केब्बरस कि असिन लड़ई गे ललकारचस। इदिन ईरियस की लक्ष्मन्स गे बनेम कैर बरचा अउ आस बान ही बौछार ती अतिकाय सिही शरील बोन छेदचस। अतिकाय्स तूरूत अदही निवारन कमचस चिच्चस अउ लक्ष्मन्स मइय्या के चिंयार लवचस। मगर लक्ष्मन्स अन्नू ती बिचलित मल मंजस। एन्नेम परकार बनेम घड़ी गुटिक दुनू वीर नू लड़ई मन्ना चाके राचा। दुनू झन नन्नर ही शस्त्र बोन बनेम। बहादुरी अउ कुशलता ती खंडत राचर।

ई मजही हनुमान अउ अंगद्स ही संघे मन्ना लड़ई नू महोदर्स पिटतारस केरकाचस। जब अतिकाय्सगे इदहीपता चल्लरा ख़ने आस बनेम कैरारस अउ आस लक्ष्मन्स मइय्या टिन्डी ही प्रहार कमचस। लक्ष्मन्स अदिन हूं खंडियस चिर्चिच्चस। माखा मना हेल्लरा। लक्ष्मन्स ईरियस कि पुतबारी गुटिक ई बीरस मल लवतारस अउ उज्जना लंका नूं किरिंयस केरस होले चेरो ता लड़ई भारी मनो कलो। आरू लेक्खा विभिषन्स बरचस की तिंगियस कि इसगे ब्रह्मा सिही बरदान खखरकी रई ईस ब्रह्मास्त्र तिम खिंओस। इसिन जादा घड़ी उज्जना उइय्यना ठीक मल्ली। इदिन मेंजस कि लक्ष्मन्स ब्रह्मा जीस ही याद कमचस की ब्रह्मास्त्र ही असही मय्यया प्रहार कमचस। अतिकाय्स अदिन रोकना ही कोशिस कमचस, लेकिन अदिन आस रोकआ पोल्लस अउ असही जीवन लीला असानुम खतम मंजा केरा।

एन्नेम बेसे आ उल्ला ता लड़ई नू रावण्स ही चरियो बीर खद्दर काम

बरचर केरर। जब लंका नूं ई समाचार अड़िसिया ख़ने रावण्स ही दुख ही थाह मल राचा। कुंभकर न सिही दुख चोन ईस भुलुर का मल रहचस कि ईहिरदय बिदारक समाचार खक्खरा। अक्कू आस हारऊ जुआड़िक बेसे तंगहा सप्फा चीज बोन दाव नूं लगआ गे तैयार मंजस केरस। आस मेघनाद सिन मेखताचस अउ असही चरियो भईर ही लवतारका ही हाल असिंन मेन्ताचस। मेजस कीं मेघनाद्स बनेम कैरारस अउ आस तुरुत लड़ई अड्डा नूं काना ही तैयारी कमचस होच्चस।''

मेघनाद नूं लड़ई अड्डानूं इरियस की लक्ष्मन्स मेघनाद्स मइय्या ट्ट पर्रस। आस नल-नील अंगद सुग्रीब गुट्ठिर ही लड़ई ती आघुम परेशान मंजस केरकाचस। जब लछमन जीस बरचस ख़ने आस इन्द्रस ती खखरका

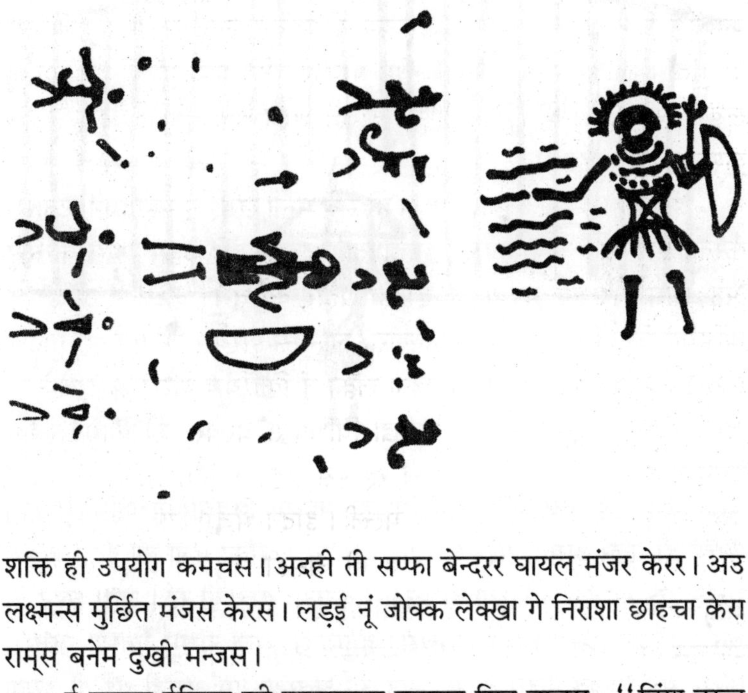

शक्ति ही उपयोग कमचस। अदही ती सप्फा बेन्दरर घायल मंजर केरर। अउ लक्ष्मन्स मुर्छित मंजस केरस। लड़ई नूं जोक्क लेक्खा गे निराशा छाहचा केरा राम्स बनेम दुखी मन्जस।

ई सप्फन ईरियस की जामवन्त्स हनुमान सिन वाचस—''निंगा तुरूत

उत्तर दिंशा नू काना पड़ारओ। असतेक संजीवन बुटी ओन्दोरना पड़ारओ। अदही बिगर ई बेन्दरा अउ लछमन्स मल बछरोओर।'' हनुमान्स तुरत उत्तरदिशा नूं उड़ियारस केरस अउ हिमालय परता अड़िसियस, मगर जब संजीवन बुटिन चिन्हआ पोल्लस ख़ने गोट्टा परतन बठबाचस की आपिस

चल्लरस। अउ जब आस अयीध्या ही मइय्या उडियारआ लघियस ख़ने भरत्स ही नछर असही मइय्या पड़ारा। भरत्स गे संका मंजा की ईद एकअम राक्षस इके जो कि अयोध्या ही बिनास कमआ बरचकी रई। आस झट्ट के धनुष नूं बान अरगस की लवचस। हनुमान्स परता संधेम किय्या खत्तरस केरस अउ मुर्छित मंजस केरस। अउ आ अवस्था नुम असही वई ती उरखा श्रीराम ईंद एकन्ने बिपत्ती बरचा केरा। अक्कू लछमन अउ बेन्दरर ही मुर्छा

एकन्ने गेच्छा मनो। हनुमान्स ही ई प्रलाप मेंजस को भरत्स चौकांरस केरस सोंचआ हेल्लरस भइराम लक्ष्मन्स भइय्या इन्दरिइम संकट बरचकी रई? ईसगा अरहिम दूत जान पर्रआदस।

जोक्क लेक्खा ख़ोख़ा जब हनुमान्स गे होश बरचा खने आस सोंचआ हहेल्लरस एन एसन रअदन एंगन नेथा घायल कमचा? ई हेद्दे नूं उक्का श्रीराम सिही आकृति बाला नेथा इके? ईद हूं रावण्स ही कुछू माया गा मल्ली? भरत्स बाचस—"हे मित्र नीन एकाओर्तय इकदय? भइय्या राम अउ लक्ष्मन्स एसन रअनर? अरही मइय्या कुछ संकट बरचकी रई का? मूर्छा अवस्था नूं नीन एंदरा कसनखरआ लघिकय अदगे एंगा शंका मना लगी कि आर कुछू संकट नूं रअनर। एंगन जल्दी तेंगा।"

ई बचन मेंजस की हनुमान्स गे शांति मंजा अउ श्रीराम्स बेसेम आकृति अउ असही बेसेम सौम्यता ईरियस की हनुमान्स बाचस तहां नीम राचन्द्रसिही तंगड़ी भरत गा मल्लदय? श्रीराम सिही बई तीएम असही बनेम चर्चा मेंजकचादम।

भरत्स बाचस—"एन आ अभागा भरत इकदन एंगहा कारन भइय्या राम लछमन अउ देवी सीता गे टोंकाताकष्ट भोगआ पड़ारआ लगी। नीन एंगन अरही हाल बोन तेंगा।

खने हनुमान्स सीता हरन ती अक्कू गुटिकता सप्फा दुख गाथा भरतसिन मेंताचस अउ बाचस अक्कू एन लंका एकन्ने जल्दी अंड़सोन? असन बेन्दरा सेना अउ लक्ष्मन्स बेहोश पर्रकानर। बीड़ी मनो होले बहुत अनर्थ मनो कलो।"

भरत्स बाचस—"अक्कू नीन एंगहा ई बान नू ओक्का कला ईद निंगन सीधा राम्स गुसन अड़सतोओ चिओ अउ नीन भइय्या रामसिन एंगहा प्रणाम निवेदन कम से चिअके।" एन्ने बाचस कि भरत्स तंगहा धनुष नूं तीब्रगामी बान अरगाचस। हनुमान्स परता संघेम अदही मइय्या उक्कियस केरस। भरत्स राम्स ही नामे होच्चस की आ बान बोन अम्बियस चिच्चस। जोक्क लेक्खा नूं हनुमान्स लंका नू श्रीरामचन्द्र जीस हेद्दे अड़िसियस केरस।

जामवन्तस सजीवन बुटी एस्सस की लछमन अउ बेन्दरा रिन

नुसुंगताचस। अदही एन्ने चमत्कार मंजा कि लक्ष्मन्स संघेम सप्फा बेन्दरर बने मंजर केरर। लछमन सिन रामस छाती ती लगबाचस होच्चस। अउ बआ हेल्लरस–ईद हनुमान्स ही किरपा इके, अदही कारन नीन अउ सप्फा बेन्दरर बने मंजर केरर। राम्स हनुमान सिन हूं छाती ती लगबाचस होच्चस अउ बाचस हनुमान नीन एंगागे भरत्स ती हूं जादा प्रिय इकदय।

भरत्स ही नामे मेंजा सांठ हनुमान्स अयोध्या ता मंजका घटना बोन रामसिन मेंताचस राम अउ लक्ष्मन्स आ प्रसंगबोन पुलकित मंजर की मेंजर। भरत्स ही सुरता बरचकन्ती अरही खन्न नू खंजलखो निंदिया बरचा।

अजगो मेघनाद्स विजय यज्ञ शुरु कमचस चिच्चस। आ यज्ञ ही उन्ने विधान राचा की अदही पूर्णता ही ख़ोख़ा मेघानद सिन संसार नू नेथा हूं हरबआ पोल्लोर तइके। विभिषन्स गे जब यज्ञ हीपता चल्लरा खने आस राम लछमन सिन बाचस—"कि यज्ञ पूरा मल मन्ना चाहिए।" राम्स ही सल्हाव ती लछमन सुग्रीव हनुमान गुट्िठर लंका नूं अडिसियर की असही यज्ञ बोन भंग कमचर की असिन लड़ईं गे ललकाचर। लाचार मंजस की यज्ञ बोन अधूरा अम्बा की मेघनाद्स लड़आ गे तैयार मन्जस केरस। अउ आस सीधा लछमन स मइय्या टूट पर्रस। लछमन अउ मेघनाद्स बरोबर बलखरहा लड़ऊ राचर। आघू मुटका लड़ई मनत राचा तहां दुनू झन तब्बल होच्चर की लड़आ हेल्लरर। लड़नुम आर लंका नगरी ही बहरी बरचर केरर। सहायक लक्ष्मन्स राम्स ही याद कमचस की ओन्टा भयंकर ताकत बाला बान तगहा धनुष नूं अरगाचस अउ मेघनाद सिही छाती नूं लवचस। बान सीधा छाती नूं मुनिखिया

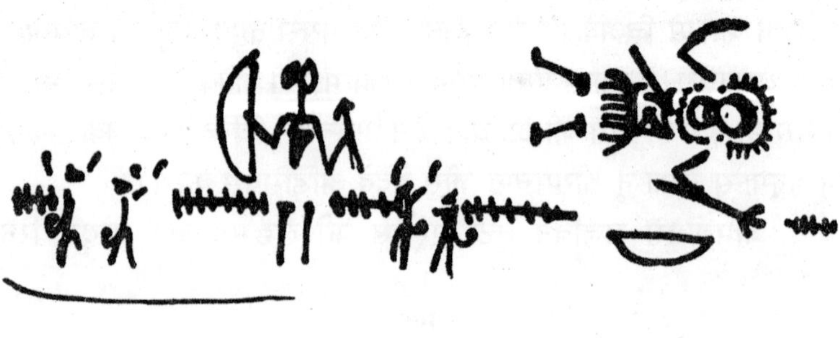

केरा अउ मेघनाद्स असानुम बिन प्रान ही मंजस की खत्तरस केरस।

मेघनाद्स ही केच्चका ही खबर मेजर की सप्फा राम्स ही सेना नूं खुशी ही लहर दउडारा केरा। जब लक्ष्मन्स राम्स हेद्दे अडिसियन खूने राम्स गे हूं सप्फा हाल मेंजस की बनेम हर्ष मन्जा।

अध्याय - 21

रावण्स ही केच्चका

मेघानाथ सिही लवतारका ही खबर ती रावण्स गे बड़ दुख मंजा। आस समझारस होच्चस कि अक्कू नेखा बस नूं ई लड़ई मल राचा। ऐंगाचनुम लड़ई नू कालना चाहिए। एन ईरिन मामूली आलर समझारआ लघिकन आद भूलराचा। मगर कत्थद ईरु आघू बड्ढरा किरकी राचा कि अक्कू सीधा किर्रा मल सकारओ। अतः तंगहा रानिर गुस्तेक बिदा नीचस की आस खुद लड़ई अड्डा तरा चल्लरस। बेन्दरर संघे लड़ई कमचस की आस अरिन घायल कमचस चिच्चस। इदही ख़ोख़ा आस तंगहा शक्ति हिड़िबियस की आघू गा लछमन सिन मुर्छित कमचस तहां रामचन्द्रजीस मइय्या हमला कमआ हेल्लरस। रामचन्द्रजीस रावण्स ही हमलन रोकचस होच्चस। अउ असही मइय्या बार कमचस। इदही मजही जामवन्त्स संजीवन बुटी ही प्रयोग ती लछमन सिन ठीक कमचस होच्चस। अजगो जब इन्द्रस ईरियस की रामचन्द्रजीस पैदल दिम रावण्स संघे लड़ई कमआदस खने आस रामचन्द्रजीस गे देवरथ तइय्यस चिच्चस। इदही मजही राबण सिन आघ् बरचका ईरियस की राम्स रावण सिही कुक्कन बोन ताडचस हकी बान लबचस। रावण सिही कुक्कन खन्दरा केरा। लेकिन ईरनुम ईरनुम अदही जगहा ओन्टा पुना कुक्क पैदा मंजा केरा। राम्स रावण्स ही कुक्क खन्दनुम कालालियस अउ अदही जगहा नूं पुना पुना कुक्क पैदा भननुम कालालिया। खने विभिषन्स राम्स हेद्दे बरचस की तिंगियस की रावण्स ही नाभी नूं अमृत रई। अमृत कुंड नष्ट मंजका बिगर आस मल खिओस। असगे शंकर जीस ती एन्ने बरदान खखर की रई।

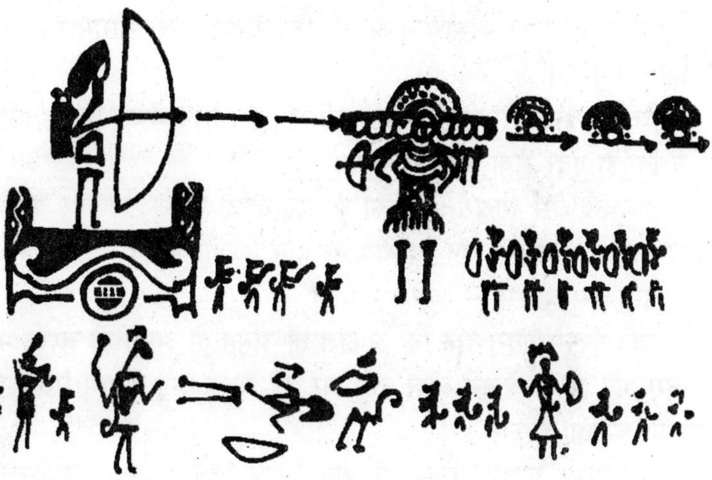

रामचन्द्रजीस एकतीस बान ओंघोन कोहां धनुष नूं अरगाचस अऊ रावण्स तरा अम्बियस चिच्चस अन्नू ता ओन्टा बान रावण्स ही नाभी नूं लग्गिया। अउ नाभी (कूल) ता अमृत कुन्ड खइय्या केरा अउ आस अचेत मंजस की खत्तरस केरस। रावण्स ही खतरना सांठ देवतर राम लछमन अउ सप्फा बेन्दरा सेनर मइय्या फूल ही चेंप पुई ताचर।

रामचन्द्रजीस लछमन हनुमान तथा सुग्रीव गुट्ठीरिन विभिषन्स ही संघे नंगर नूं तइय्यस अउ असन असही नियम पूर्वक राजतिलक कमताचस।

इदही ख़ोख़ा विभिषन्स सीताजी बोन होआ केरम। राक्षसर ही खांध मइय्या डोला नूं उक्किया की सीतद रामचन्द्र जीस हेद्दे चल्लरा। सप्फा बेन्दरर ढेगेच ढेगेच सीता बोन एरा चाहआलियर। मगर पालकी मुचुरकी राचा, अदही कारन एरा पोल्लाघियर इन्नू। रामचन्द्रजीस विभिषन सिन बाचस कि—"सप्फा बेन्दरर सीता बोन एरना चाहआनर। अदिन एंगहा गुसन पैदल ओन्दरआ कि बरा।" ई समाचार खक्खिया की सीताजीद पालकी ती इत्तिया केर। अउ पैदलेव श्रीराम्स गुसन अड़िसिया।

दुष्ट राक्षसर ही लवतारका अउ रामचन्द्रजी अउ सीता ही ई शुभ

मिलन नूं देवतर फूल बरसाचर। अउ सप्फर मिल्लरर की श्रीराम्स ही जय जयकार कमचर।

देवराज इन्द्रजीस प्रसन्न मजस की रामचन्द्र सिन मेंजस तेंगा ई समय ए-न निमहा एंदेर सेवा कमआ ओंगोन।

रामचन्द्रजीस बाचस—"एका बेन्दरर एंगहा खातिर लड़चर की आ लड़ई अड्डा नूं तंमहा जान चिच्चकानर आर उज्जोर कोर।"

इन्द्रजीस बाचस—"एन्नेम मनो।"

खने ईरनुम एंदरा इके कि अकाश तो अमृत तो अमृत ही बरचा मना हेल्लरा अउ सप्फा बेन्दरा बीरर उज्जियर की चोआ अउ श्रीराम सिही जय जयकार कमआ हेल्लरर।

विभिषन्स अनेक परकार ही भोजन अउ किचरी बेन्दरर गे नेताचस अउ बाचस की नेखा एकन्ने अउ एकन्ने एम इच्छा रई हेआ कला। जब सप्फर उच्छियर केरर अउ जम्मा काम ठीक मंजा केरा खने श्रीराम्स विभिषन सिन बाचस—"अक्कू एमन जल्दी अयोध्या खंडसतआ चिआ एन्देरेगे कि एमहा अयोध्या अंड़सना ही उल्ला हेद्देम बरचा किरकी रई, अऊ एन आ समय गुटिक अइय्यामल अड़िसिकन होले भरत सिन एन उज्जना मल खक्खोन।"

पुष्पक विमान नूं सुग्रीव, हनुमान, अंगद नल-नील जामवन्त गुट्ठी सप्फा बेन्दरा बीर विभिषन तथा जम्मा बेन्दरा सेनर संघे रामचन्द्रजीस अयोध्या

गे उड़ियारर केरर।

विमान प्रयागराज नूं भरद्वाज सिही आश्रम नूं इत्तिया असन आर मुनि भरद्वाज संघे मिल्लर अउ असिही गुसन भरत अयंग तथा प्रजनन ही कुशल समाचार मेंजर। एन्ने अक्खर की सप्फर ठीक रअनर, रामचन्द्रजीस हनुमान्स ती आघुम भरत्स हेद्दे तंमहा बरना ही समाचार तइय्यस चिच्चकाचस। राम्स ही बरना ही उल्ला मन्ना ही कारन भरत्स उन्नेम नंगर ही बहरी अरही डहरे एरालघियस। हनुमान्स जइसे ही बाचस—"कि श्रीराम्स बरआ लगदस।" सप्फर गे श्रीराम्स विमान नूं बरना एथरस। ईरनुम ईरनुम विमान धरती नू

इत्तिया, भरत्स खेड्ड ओंसड़स की राम्स ही स्वागत कमचस। राम्स उठबाचस कि भरतसिन गले ती लगबाचस होच्चस भरत्स श्रीरामसिन बाचस—"नीन एंगा एन्ने उल्ला ती ई थाती-(भारत की जुमेदारी) सोंपोकचकय। ओंदा अक्कू नीन इदिन संभालआ।"

अक्कू सप्फर नंगरी नूं कोरआ गे चल्लरर। श्रीराम अउ भरतसिही स्वागत नूं सप्फा अयोध्यद समुन्दर ता लहरा बेसे उमड़ारा केरा। ए बग्गे कठिनाई अउ प्रतीक्षा ही इशुभ उल्लद एरागे खखरकीचा। अयंगर ही तमहा

खद्दर संघे अउ खईर तमहा सासर संघे मिलिरना ही आ माधुर छन ही कल्पना कमना कठिन इके।

इदही ख़ोख़ा शुभ उल्ला तथा शुभ मुहर्त नूं गुरु बसिष्ठ्स रामचन्द्रजी सिही राज्याभिषेक कमचस। सप्फा अयोध्या नगरी आ मंगल उत्सव नूं बहुत उल्लास अउ उमंग ती सम्मिलित मंजर। रामूस बनेम साल गुटिक राज कमचस। असही राज नूं परजा बहुत खुशी रहचा अउ असही समृद्धी बरोबर बढ़रनुम केरा।

●●●

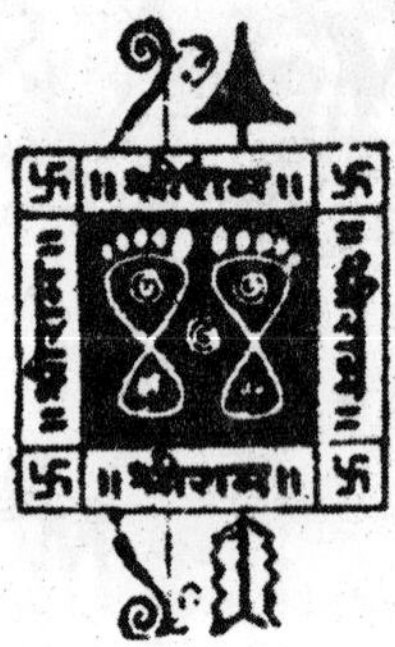